中学校

音楽

「主体的に学習に取り組む態度」の学習評価完全ガイドブック

長谷川 諒 著

明治図書

はじめに

「主体的に学習に取り組む態度」の評価はなぜ難しいのか

　本書は，『中学校音楽「主体的に学習に取り組む態度」の学習評価完全ガイドブック』という書名です。平成29年に告示された学習指導要領で評価の観点が従来の4つから3つへと変化したことで，現場の先生方は指導と評価に際して混乱されていることと思います。特に「主体的に学習に取り組む態度」については，評価の方法論について様々な議論があり，どうにも取り扱いが難しい。筆者が担当する大学の授業でも，学生の理解が深まりにくいトピックです。

　では，なぜ「主体的に学習に取り組む態度」の評価は難しいのでしょうか。それは端的に言って，「主体的に学習に取り組む態度」という観点から評価しようとしている「学びに向かう力，人間性」という資質・能力の実態が不明瞭だからではないでしょうか。3つの資質・能力のうち「知識・技能」や「思考力・判断力・表現力」については，音楽科の特質に合わせてその実態をイメージすることが比較的容易です。したがって，この2つの資質・能力については，該当する評価の観点ごとに評価規準を作成して評価し，授業改善をしながら学期末の評定に反映させるというプロセスも明瞭なものになりやすいのです。一方で，「学びに向かう力，人間性」については，それが「資質・能力」であるということさえ意識されていないのが現状です。「知識・技能」や「思考力・判断力・表現力」の獲得の過程で副次的に獲得される何かであるかのような誤解があるように思われます。ともすれば「やる気」のような利那的な感情と混同されている感さえあります。生徒たちに育むべき「学びに向かう力，人間性」の具体がわからない状態で「主体的に学習に取り組む態度」の評価について議論することは，本末転倒であると言わざるを得ません。

　後に詳細に解説しますが，我々が「主体的に学習に取り組む態度」という観点で評価しようとしてるのは「学びに向かう力，人間性」という資質・能力から「人間性」の要素を除いた力，すなわち「学びに向かう力」だと解釈されます。音楽科の文脈で言い換えれば「自分で自分をレッスンする力」という表現も可能かと思います。そのように考えれば，「主体的に学習に取り組む態度」が単なる「やる気」を評価するものではないことがわかります。我々は，このような基礎的な理解を積み上げるところから始めなければなりません。したがって，本書は「主体的に学習に取り組む態度」および「学びに向かう力，人間性」を音楽科の立場からどのように理解するのか，という点にフォーカスしています。第1章『「主体的に学習に取り組む態度」を理解する』では，文部科学省や中央教育審議会等のオフィシャルな文章をもとに，「主体的に学習に取り組む態度」が何を意味しているのか整理しています。加えて，「主体的に学習に取り組む態度」やそれに対応する「学びに向かう力，人間性」の理論基盤となっている自己調整学習や自己決定理論についても概論的に解説しています。上述したように，「主体的に学習に取り組む態度」という観点について理解するためにはそれが評価しようとしている「学びに

向かう力，人間性」についても深く理解しなければなりません。そのような意図で第1章では「主体的に学習に取り組む態度」の理論的背景を中心に取り扱っています。

　育むべき資質・能力について理解したところでようやく評価についてあれこれと議論することができます。第2章『「主体的に学習に取り組む態度」を評価する』では，評価の具体について触れています。ここでは，評価の観点や規準と基準といった基礎的な内容を改めておさらいするとともに，「やる気はあるけど『技能』が身に付かない生徒の『主体的に学習に取り組む態度』をどう評価する？」「ワークシートで『主体的に学習に取り組む態度』を評価することは可能？」等，読者の方々が抱きそうな疑問に先回りする形で原稿を書きました。現場で生じる実際的な問題に対応するための考え方を紹介する内容になっているので，評価に行き詰まったらこの章に戻ってきてください。

　第3章『「主体的に学習に取り組む態度」を涵養する』では，音楽科という教科の特質に応じて「主体的に学習に取り組む態度」を育むための基本的な考え方について論じています。「指導と評価の一体化」という言葉が示唆するとおり，評価について考えるためには指導それ自体に対して内省的である必要があります。「『主体的に学習に取り組む態度』の評価」の前提にあるのは，「『主体的に学習に取り組む態度』を育み得る授業」です。子どもたちが主体的に音楽を学びたくなるような授業をしなければ「主体的に学習に取り組む態度」は涵養されません。では，従来型の音楽科の授業は子どもが真に主体的になれる構造になっていたでしょうか。読者に，公教育としての音楽科教育のあり方を抜本的に捉え直す視座を持っていただくために第3章を設けました。そして，第3章の最後には，本書で述べてきた内容を全て詰め込んだ指導案のサンプルを掲載しています。題材としてはベートーヴェンの交響曲第5番《運命》を教材にして主題動機労作の技法について教えるものですが，結果的に，「いわゆる普通の鑑賞の授業」とはかけ離れた領域横断的でどちらかというと提案性の高い指導案になりました。「評価についての書籍で特殊な指導案を見せられても日々の授業に取り入れづらい」と思われる方もいらっしゃるかもしれません。しかし，「主体的に取り組む態度」の評価が難しいのは，「学びに向かう力，人間性」を資質・能力として目的的に育成するような授業がほとんどなかったからです。従来型の慣例的な授業では「知識・技能」や「思考力・判断力・表現力」を育てることはできても「学びに向かう力，人間性」については副次的に涵養されることを期待するのみでした。もちろん「知識・技能」や「思考力・判断力・表現力」を目的的に取り扱う授業自体を否定するわけではありませんが，「学びに向かう力，人間性」や「主体的に学習に取り組む態度」に積極的にフォーカスした授業があってもいいはずです。その意味で，本書に掲載された指導案はこれまでになく「主体的に学習に取り組む態度」を中心的に取り扱ったものになっています。読者のみなさまにはこの指導案をたたき台として批判的に読んでいただき，各現場のローカルな事情に応じて改変しながら大いに活用していただきたく思います。

2023年5月

長谷川　諒

Contents

第 1 章

「主体的に学習に取り組む態度」を理解する

1 「主体的に学習に取り組む態度」は「学びに向かう力，人間性」の一部である

1 教科教育で育てたい3つの資質・能力について

「主体的に学習に取り組む態度」とはなんでしょうか。結論から言います。**「主体的に学習に取り組む態度」**とは**「自らをモニタリングしながら学びを継続させる力」**を評価しようとするものであり，決して，刹那的で情緒的な「やる気」などではありません。「主体的に学習に取り組む態度」は「学びに向かう力，人間性」という「資質・能力」の一部を評価するための観点です。したがって，授業の質に依存してある種偶発的に喚起される「やる気」との峻別は明確に意識される必要があるでしょう。しかし，資質・能力自体のわかりにくさ，さらにはそれを評価する観点である「主体的に学習に取り組む態度」のわかりにくさと相まって，「主体的に学習に取り組む態度」の評価は混乱を極めています。そこで，本章では「主体的に学習に取り組む態度」は「学びに向かう力，人間性」の一部であり「やる気」とは区別される「資質・能力」である，という基本的な考え方について，丁寧に説明していきましょう。

中央教育審議会は平成28年に発行された答申において，学校教育が育むべき資質・能力を下記の3つに整理するよう提言しました[1]。

> ① 「何を理解しているか，何ができるか（生きて働く「知識・技能」の習得）」
> ② 「理解していること・できることをどう使うか（未知の状況にも対応できる「思考力・判断力・表現力等」の育成）」
> ③ 「どのように社会・世界と関わり，よりよい人生を送るか（学びを人生や社会に生かそうとする「学びに向かう力・人間性等」の涵養）」

現行の学習指導要領は以上の3つの資質・能力を育むことを前提に書かれています。そして，このような資質・能力観は，当然ながら各教科の目標にも反映されています。中学校音楽科では次のように教科の目標が設定されています[2]。

> 表現及び鑑賞の幅広い活動を通して，音楽的な見方・考え方を働かせ，生活や社会の中の音や音楽，音楽文化と豊かに関わる資質・能力を次のとおり育成することを目指す。
> (1) 曲想と音楽の構造や背景などとの関わり及び音楽の多様性について理解するとともに，創意工夫を生かした音楽表現をするために必要な技能を身に付けるようにする。

(2) 音楽表現を創意工夫することや，音楽のよさや美しさを味わって聴くことができるようにする。

(3) 音楽活動の楽しさを体験することを通して，音楽を愛好する心情を育むとともに，音楽に対する感性を豊かにし，音楽に親しんでいく態度を養い，豊かな情操を培う。

以上の目標は学年を縦断する形で設定されており，柱書とも呼ばれています。そして，(1)が「知識・技能」に，(2)が「思考力・判断力・表現力」に，そして(3)が「学びに向かう力，人間性」に対応しています。なお，資質・能力や評価の観点の名称に関しては，文部科学省が関わる文書の中でも微妙な表記の揺れがあり，どれを採用するのが適切なのか判断しかねるところがありますが，本書では資質・能力については「知識・技能」「思考力・判断力・表現力」「学びに向かう力，人間性」，評価の観点については「知識・技能」「思考・判断・表現」「主体的に学習に取り組む態度」と表記することにしています。

ここで，(3)の目標を目にした多くの読者の脳裏には次のような疑問が浮かんだのではないでしょうか。(3)に示される「音楽を愛好する心情」，「感性」，「音楽に親しんでいく態度」「豊かな情操」等は，果たして「資質・能力」と呼ぶべきものなのだろうか？　と。

この点に関しては，筆者も同様の疑問をもちました。例えば，学習指導要領の解説には，「音楽を愛好する心情」について下記のように説明されています[3]。

音楽を愛好する心情とは，生活に音楽を生かし，生涯にわたって音楽を愛好しようとする思いである。この思いは音楽のよさや美しさなどを感じ取ることによって形成される。そのためには，音楽が醸し出すよさや美しさなどが人々の感情に何をもたらすのか，ということに着目する必要がある。音楽活動によって生まれる楽しさや喜びを実感したり，曲想と音楽の構造との関わりや，背景となる風土，文化や歴史などを理解したりすることを通して，音楽についての認識を深めていくことが音楽を愛好する心情を育てていく。

以上を要約すると，「音楽を愛好する心情」は「曲と音楽の構造との関わり」「背景となる風土，文化や歴史」を理解することを通して培われる，ということのようです。

ここでも多くの読者と同様，筆者の脳裏にも次々と疑問が浮かびます。「曲の構造や文化的背景を知ったからといって，特定の楽曲や音楽全般を生涯にわたって愛好するとは限らないのでは？」「特定の音楽に良さを感じ取るかはどうかは個人の趣向に依存するのに，公教育の授業の中で『音楽を愛好する心情』を育てるなんでおこがましいのではないだろうか？」「やっぱり『学びに向かう力，人間性』を資質・能力として育てるなんて矛盾しているのでは？」等。

しかし，学習指導要領が法的拘束力を持つ以上，ここで文部科学省に異議申し立てをしても仕方ありません。我々が考えなければならないのは，「これらを資質・能力として積極的に捉

えるためにはどのような認識の整理をすべきか」という点です。そして，本書は，「学びに向かう力，人間性」およびその一部を評価しようとするものである「主体的に学習に取り組む態度」を音楽科の文脈で明示的に整理しようと試みるものです。

2 「主体的に学習に取り組む態度」とは 「自らをモニタリングしながら学びを継続させる力」である

　前項において「主体的に学習に取り組む態度」が「学びに向かう力，人間性」という「資質・能力」の一部を評価しようとするものであることを確認しました。その上で，**本書では「主体的に学習に取り組む態度」が評価しようとする資質・能力を「自らをモニタリングしながら学びを継続させる力」として端的に定義します**。この定義は，中央教育審議会の答申や学習指導要領に明示的に記載されているわけではなく，それらの資料の内容を整理して筆者が再定義したものです。したがって文部科学省及びその関係機関のオフィシャルな定義というわけではありません。しかし，言い訳をするわけではありませんが，「主体的に学習に取り組む態度」や「学びに向かう力，人間性」についてのオフィシャルで簡潔な定義はどこを探しても出てこないのです。

　「知識・技能」や「思考力・判断力・表現力」といった比較的わかりやすい資質・能力と比較すると，「学びに向かう力，人間性」が置かれているこの状況は問題です。多くの読者は「音楽科で育むべき『知識・技能』」についての漠然としたイメージを既に獲得されているはずです。その上で，中央教育審議会の答申や学習指導要領の解説に立ち返ることで「音楽科で育むべき『知識・技能』」についての理解を深めることができます。「音楽科で育むべき『思考力・判断力・表現力』」についても同様です。しかし「学びに向かう力，人間性」についてはその漠然としたイメージさえ共有できていないのが現状です。したがって，その一部を評価する「主体的に学習に取り組む態度」についての理解も曖昧にならざるを得ません。そこで本項では，学習指導要領や中央教育審議会の答申の文章を参照しながら，「学びに向かう力，人間性」とはそもそもなんなのか，そしてその一部である「主体的に学習に取り組む態度」がなぜ「自身をモニタリングしながら学びを継続させる力」と定義されるのか確認していくことにします。

▶▶ 中央教育審議会の答申には「学びに向かう力，人間性」の定義がない

　「学びに向かう力，人間性」について，平成28年度の答申には下記のような説明がなされています。少々長いのですが引用しましょう[4]。

> ③「どのように社会・世界と関わり，よりよい人生を送るか（学びを人生や社会に生かそうとする「学びに向かう力・人間性等」の涵養）」

前述の①及び②の資質・能力を，どのような方向性で働かせていくかを決定付ける重要な要素であり，以下のような情意や態度等に関わるものが含まれる。こうした情意や態度等を育んでいくためには，体験活動も含め，社会や世界との関わりの中で，学んだことの意義を実感できるような学習活動を充実させていくことが重要となる。

・主体的に学習に取り組む態度も含めた学びに向かう力や，自己の感情や行動を統制する能力，自らの思考の過程等を客観的に捉える力など，いわゆる「メタ認知」に関するもの。一人一人が幸福な人生を自ら創り出していくためには，情意面や態度面について，自己の感情や行動を統制する力や，よりよい生活や人間関係を自主的に形成する態度等を育むことが求められる。こうした力は，将来における社会的な不適応を予防し保護要因を高め，社会を生き抜く力につながるという観点からも重要である。

・多様性を尊重する態度と互いのよさを生かして協働する力，持続可能な社会づくりに向けた態度，リーダーシップやチームワーク，感性，優しさや思いやりなど，人間性等に関するもの。

　要約すると，答申は「学びに向かう力，人間性」を「重要な要素であり」「情意や態度等に関わるものが含まれる」，「メタ認知に関わるもの」等，様々な角度からの説明を試みており，それらが「社会を生き抜く力につながるという観点からも重要である」ことも強調しています。**しかし，引用部分を全て読んでも，「学びに向かう力，人間性」についての簡潔で明確な定義はないことがわかるでしょう。**結局，資質・能力としての具体的な形は見えてきません。現場の先生方に必要なのは，「○○が含まれる」とか「○○に関わる」とかいった周辺情報ではなく，「『学びに向かう力，人間性』とは○○という資質・能力である」「『学びに向かう力，人間性』を身に付けた生徒はこんなことができる」という簡潔で明確な定義であるはずです。

▶▶ 「学びに向かう力，人間性」を「２つの力＋α」で理解する

　「学びに向かう力，人間性」をより簡潔に理解するためには何を参照すればよいのでしょうか。ここでは「学びに向かう力，人間性」の評価について言及している答申の文章を引用してみます[5]。

○その際，「学びに向かう力・人間性等」に示された資質・能力には，感性や思いやりなど幅広いものが含まれるが，これらは観点別学習状況の評価になじむものではないことから，評価の観点としては学校教育法に示された「主体的に学習に取り組む態度」として設定し，感性や思いやり等については観点別学習状況の評価の対象外とする必要がある。

○すなわち，「主体的に学習に取り組む態度」と，資質・能力の柱である「学びに向かう

力・人間性」の関係については，「学びに向かう力・人間性」には①「主体的に学習に
取り組む態度」として観点別評価（学習状況を分析的に捉える）を通じて見取ることが
できる部分と，②観点別評価や評定にはなじまず，こうした評価では示しきれないこと
から個人内評価（個人のよい点や可能性，進歩の状況について評価する）を通じて見取
る部分があることに留意する必要がある。

　まず留意したいのは，「学びに向かう力，人間性」には「感性」や「思いやり」も含まれま
すが，これらは観点別評価の評定の対象にならない，という点です。音楽科の学習指導要領で
言及されていた「音楽を愛好する心情」も，おそらくこの「観点別評価や評定になじまない」
部分でしょう。教師側としては「音楽を愛好する心情」を生徒に身に付けてほしいと思って授
業しますが，それが身に付いていなからといって成績を下げるようなことはしない，という
ことです。「学びに向かう力，人間性」という資質・能力の中でも「人間性」の部分は観点別評
価の対象にしない，という解釈でよいかと思います。「学びに向かう力，人間性」という言葉
を出すと「人間性が成績に反映されるなんておかしい」という意見をいただくことがよくあり
ますが，教師が生徒の人間性を成績（評定）に反映させることは原則としていないことになり
ます。教師は生徒の「人間性」を見取り，指導に生かしますが，教科の成績として数値化する
ことはありません。

　では，「学びに向かう力，人間性」のうち観点別評価の対象になる資質・能力，すなわち
「学びに向かう力」はどのように説明されるのでしょうか。こちらについては，国立教育政策
研究所が発行している『「指導と評価の一体化」のための学習評価に関する参考資料』を参照
するとよくわかります。

　この資料は，「学びに向かう力」は下記の２側面から評価される，と論じています[6]。

①　知識及び技能を獲得したり，思考力，判断力，表現力等を身に付けたりすることに向
　けた粘り強い取組を行おうとしている側面
②　①の粘り強い取組を行う中で，自らの学習を調整しようとする側面

　以上の２側面は「主体的に学習に取り組む態度」という評価の観点を説明する際に取り上げ
られるものですが，「学びに向かう力，人間性」のうちの「学びに向かう力」それ自体を規定
する文章でもあります。なぜなら，この資料のタイトルに「指導と評価の一体化」という言葉
があるとおり，評価される対象は指導する内容でもあるからです。「学びに向かう力」という
資質・能力の実態は，「評価の観点」である「主体的に学習に取り組む態度」の性質を見るこ
とで逆説的に明らかになります。読者には，「学びに向かう力」が資質・能力であり，「主体的
に学習に取り組む態度」が評価の観点であるという点をあらためてご確認いただいた上で，両

者が相補的に定義を形成していることに留意していただきたく思います。

　ここまでの情報を一旦整理します。「学びに向かう力，人間性」という資質・能力は，「学びに向かう力」と「人間性」に分けて考えると理解しやすくなります。その上で「学びに向かう力」は「①『知識・技能』や『思考力・判断力・表現力』を粘り強く獲得しようとする力」と「②自らの学習を調整しようとする力」の2つで構成され，この2つを「主体的に学習に取り組む態度」という評価の観点から評価します。一方「人間性」の方は感性や思いやり等を意味し，観点別評価の対象にはなりません。

▶▶ 「学びに向かう力」は資質・能力，「主体的に学習に取り組む態度」は評価の観点

　ここで少し用語法の確認をさせてください。厳密に言えば「主体的に学習に取り組む態度」は評価の観点であり，資質・能力それ自体ではないはずです。したがって「『主体的に学習に取り組む態度』を育てる」とか「『主体的に学習に取り組む態度』を評価する」とかいう文章は誤りであることになります。本来であれば「『主体的に学習に取り組む態度』という評価の観点から『学びに向かう力，人間性』の一部である『学びに向かう力』を評価する」といった文章になるはずです。しかし，資質・能力としての「学びに向かう力」と，評価の観点としての「主体的に学習に取り組む態度」を用語法の上できちんと使い分けている事例はむしろ少ないようです。むしろ，「『主体的に学習に取り組む態度』を評価する」のように，「主体的に学習に取り組む態度」という言葉を使いながら資質・能力としての「学びに向かう力」に言及している場合が散見されます。このような慣例的用語法は，これらの用語の本来の趣旨を考えれば正確ではないと思いますが，本書は現場の先生方にご活用いただくことを主たる目的にしているので，なるべく先生方に馴染みのある表記方法を採用したいと考えました。したがって，慣例的用法を踏まえた上で，**本書では「学びに向かう力，人間性」から評価に馴染まない「人間性」の部分を除いた「学びに向かう力」という資質・能力を「主体的に学習に取り組む態度」という言葉でも言及することにします。**「主体的に学習に取り組む態度」を評価の観点を示す用語として用いつつ，育むべき資質・能力自体を示す用語としても用いる，ということです。「『学びに向かう力』を育て，『主体的に学習に取り組む態度』という観点から評価する」というより「『主体的に学習に取り組む態度』を育て，評価する」といった方が多くの読者の方には馴染みやすいのではないかと思います。

　用語法を確認した上で，以降では資質・能力としての「主体的に学習に取り組む態度」の具体を明らかにしていきたいと思います。上述したように「主体的に学習に取り組む態度」は「①『知識・技能』や『思考力・判断力・表現力』を粘り強く獲得しようとする力」と「②自らの学習を調整しようとする力」の2つで構成されています。①についてはなんとなくイメージがつきやすいのですが，②の「学習を調整しようとする」という用語に違和感を覚える読者も多いでしょう。こちらについては中央教育審議会の答申等の資料を参照する限り自己調整学

習という概念に言及するものと推察されます。自己調整学習については後に詳述しましょう。いずれにせよ，この2つを合わせて，筆者は「主体的に学習に取り組む態度」という資質・能力を「自らをモニタリングしながら学びを継続させる力」としてより簡潔に再定義しているのです。

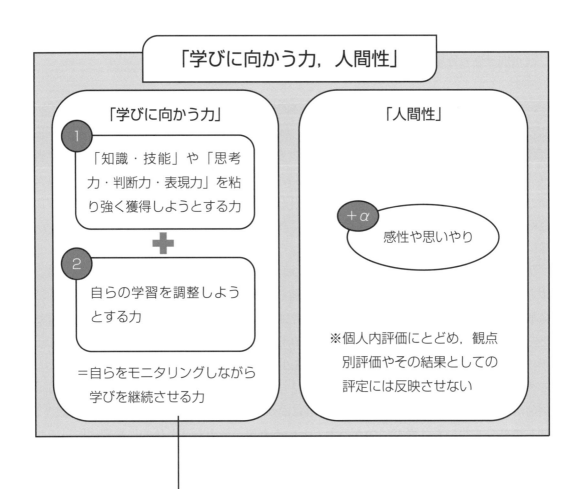

図 「学びに向かう力，人間性」の構成要素

3 「主体的に学習に取り組む態度」を身に付けた生徒はどう学ぶのか
～エレキベースを始めたＡさんの学習プロセス～

　ここまでの説明で、「学びに向かう力、人間性」がどういった構造の資質・能力なのか、そして、「学びに向かう力、人間性」の中で「主体的に学習に取り組む態度」がどのように位置づくのか見えてきたように思います。ここでは、さらにこの資質・能力をより俯瞰的に理解するために、「主体的に学習に取り組む態度」を身に付けた生徒がどのようにしてその資質・能力を発揮するのか、仮想的に例示してみましょう。**特定の資質・能力を効果的に評価するために必要なのは、その資質・能力が身に付いている生徒の姿に関する明確なイメージです**（まさにそれを言語化したものが本来的な意味においての評価規準です）。資質・能力をより詳細に説明するためには、複雑な要素を並べてその解像度を上げようと試みるより、この資質・能力を身に付けた生徒は何ができるのか具体的に描写した方がよいと筆者は考えています。

　したがって、ここでは、「『主体的に学習に取り組む態度』が十分に身に付いている中学校3年生のＡさんが、好きなバンドの影響でエレキベースを始めるとどのようなプロセスで練習するのか」という超具体的な事例を想定して考えていきます。少々長いですが、Ａさんの心情や具体的な練習状況を想像しながら読んでみてください。

▶▶ 「主体的に学習に取り組む態度」が十分に身に付いているＡさんの音楽学習プロセス

❶　中学校3年生のＡさんは、Suspended 4th というロックバンドのファンである。路上ライブでの確かな演奏が評価されて近年人気を博しているいわゆる実力派のバンドだ。Ａさんは普段から音楽配信サブスクリプションサービスやインターネットの動画配信サービスを通して、Suspended 4th の演奏を鑑賞して楽しんでいた。そして、ある日、Suspended 4th の代表曲である《ストラトキャスター・シーサイド》の印象的なベースソロを聴きながら「この曲のベースパートを演奏できたら楽しいだろうな～」とふと思い立った。自宅には昔父親が使っていたエレキベースやアンプ、シールド等、演奏に必要な道具が一式ある。Ａさんはベースを始めてみることにした。

❷　しかし、ベースに初めて触る彼女には、《ストラトキャスター・シーサイド》においてベーシストがどんなフレーズを演奏しているのかほとんど聴き取れない。なんとなくか

っこいいから演奏してみたいと思ったのだが，具体的に何が起きているのかは理解できない。耳コピなんて当然できない。さぁどうしよう？

《ストラトキャスター・シーサイド》動画

❸　Aさんが現時点で中長期的な目標に設定しているのは「《ストラトキャスター・シーサイド》のベースパートを演奏できるようになること」である。しかし，当然ながら，いきなりこの曲を演奏するのは無理がある。そこでAさんは「まずは基本的な構え方や右手の使い方について勉強しよう」と思い直す。そこで，YouTube の検索窓に「ベース　初心者　構え方　右手」と入力し，出てきた動画に合わせて基礎的な奏法の練習を始めた。

❹　楽器を始めて間もないAさんにとっては基礎練習すらも楽しい。最初の数日は夢中になって練習していたが，右手のツーフィンガー奏法がどうやら上手くいっていないらしいことに気がついた。人差し指と中指で明らかに音量に差が出てしまっておりフレーズにムラがあるし，長時間練習すると指も痛い。ベースを始めた時は「《ストラトキャスター・シーサイド》をかっこよく演奏するんだ！」という強いモチベーションに突き動かされていたが，基礎練習用のフレーズさえまともに演奏できないことにショックを受ける。思っていたよりもスムーズに上達しない自分に，ちょっと心が折れそうになってしまう。

❺　「もうベースやめちゃおっかな」という思考がちらつき始めた時，Aさんはふと音楽の授業で箏を触った時のことを思い出した。「あの時も最初は上手くいかなったけど，継続してるうちになんだかんだ上手く弾けるようになったんだよな。楽器ってどんどん上手くなる時と上達が停滞する時があるよね。ベースも今はたまたま躓いてるだけかもしれない。よく考えたらまだ始めて１週間。まだ諦めるには早いよな。もう少し頑張ってみるか」と考える。Aさんは過去の成功体験を思い出しながら自らを動機づけた。

❻　一旦前向きになると，今まで一種類の基礎練習動画の
みを参考に練習をしていたことに問題があるような気がして
きた。「他の練習を試してみたら今の問題が解決するかもし
れない。別の基礎練習動画を探してみよう」と思い立つ。A
さんはそれまで試聴していた基礎練習用の動画とは別の動画
を見て練習するようになる。また，特定のベーシストが作成
した教材動画にこだわることなく，いろんなベーシストの練
習方法を調べるようになる。様々な練習方法をとりあえず試
行錯誤してみた。

❼　多様な基礎練習をしたおかげでツーフィンガー奏法は
随分スムーズになってきた。次第に指の皮も厚くなり，指の
痛みもなくなってきた。しかし，それでも《ストラトキャス
ター・シーサイド》を演奏するには至らない。そもそもこの
曲はベース初心者が弾けるような曲ではないのだ。基礎練習
用フレーズには出てこないようなアクロバティックなツーフ
ィンガー奏法ばかりだし，BPM も160くらいであまりに速
いし，なによりスラップ奏法という全く別の奏法も出てくる。
このままではいつまでたっても《ストラトキャスター・シー
サイド》を演奏することはできそうにない。

❽　そこでAさんは《ストラトキャスター・シーサイド》
を演奏するという目標を一旦保留にする。そして，BPM の
遅いバラード調の楽曲《think》を練習することにした。こ
の曲ならテンポも遅いし，フレーズもシンプルだ。少なくと
もスラップ奏法は出てこない。《ストラトキャスター・シー
サイド》を完全にコピーするよりもずっと弾ける見込みがあ
るのではないか。AさんはYouTube の検索窓に「think ベ
ース 弾いてみた TAB 譜」と入力し，練習を始めた。《スト
ラトキャスター・シーサイド》もいつかは演奏したいので，
スラップ奏法の基礎についても YouTube で調べてみること
にした。

❾　Aさんがベースを初めて一年がたった。相変わらず《ストラトキャスター・シーサイド》を完璧に演奏することはできないが，一部の難しいフレーズを簡易化すれば音源に合わせてそれっぽく演奏することくらいはできるようになった。それだけではなく，《think》を始め，いろんな楽曲を演奏できるようになったし，過去の偉大なベーシストにも興味が出てきた。Aさんはベースを通してロックのみならずファンクやジャズも愛好するようになった。

❿　Suspended 4th の曲をコピーする過程で，AさんはこのバンドがDTMを使って自主的に楽曲制作をしていることを知る。そして，「自分も楽曲を作ってみたい」と思うようになる。Aさんは作曲の経験がなく，もちろんベース以外の楽器を弾くことはできない。でも，Aさんに過度な不安はない。「なんだかんだベースも弾けるようになったし，DTMもやってるうちに慣れるでしょ」と楽観的だ。AさんはYouTubeの検索窓に「DTM　初心者　機材」と入力する。

　以上が，「主体的に学習に取り組む態度」を身に付けているAさんの学びの過程です。Aさんは確かに主体的に学習に取り組んでいましたし，学びを継続させていました。ざっと読んだだけでも，Aさんに「自らをモニタリングしながら学びを継続させる力」，すなわち「主体的に学習に取り組む態度」が備わっていることが感覚的にわかるでしょう。そして，「主体的に学習に取り組む態度」は，教師からの一方的な指導の場というより，自律性の高い学習環境においてこそ育まれ，発揮されるものであるということもご理解いただけたと思います。

　以下に通し番号ごとに解説していきましょう。

❶ 動機の獲得と目標の設定

Ａさんは元々Suspended 4th が好きでした。したがって，そのバンドの曲をなんらかの形で演奏してみたい，という動機が喚起されるのは比較的自然なことでしょう。Ａさんは，「ベースに関する技能を獲得したい」という動機を自然な流れで獲得したことになります。一方で，音楽科においては，多くの生徒は「ドレミを読めるようになりたい」「歌詞と旋律の関係に注目しながら合唱曲を歌ってみたい」などという動機を持っていません。「主体的に学習に取り組む態度」とは「自らをモニタリングしながら学びを継続させる力」ですが，この力はそもそも学びが始まらないと発揮されませんし，ある程度ポジティブな動機がないと学びを継続させることはできません。したがって，実際の音楽科の授業においては生徒に「やってみたい・学んでみたい」と思わせることが非常に重要になるわけですが，その方法論や授業構成の考え方については第３章に譲ります。ここでは，とにかくＡさんはベースの演奏技能を獲得したいという動機を自然に得たという前提を押さえておいてください。

その上で，注目すべきは，Ａさん自身が目標の設定に深く関わっている，という点です。後述しますが，学びを自ら継続させるには，学習者本人が目標をコントロールできるような自律的な課題設定が必要です。「《ストラトキャスター・シーサイド》を演奏できるようになる」という具体的な目標をＡさん自ら設定したことが，「主体的に学習に取り組む態度」を発揮・伸長する上で重要な要素だと言えます。

❷ 困難との対峙(1)

技術獲得や知識習得に関わる目標を立てたとして，それがすんなり達成されることはほとんどありません。これはほとんどの人が経験的に理解しているはずですが，学習過程を設計する上で見過ごされがちな事実です。Ａさんは主体的に設定した目標が自分の実力に対して高すぎたことを自覚します。理想と現実のギャップを目の当たりにした時，多くの人は挫折を感じます。ここでの挫折を致命的なものにすることなく，「学びを継続させる力」を発揮するためにはどうすればいいのでしょうか。

❸ 目標の階層化

Ａさんはこの場面で最初に計画した中長期的な目標を一旦保留にし，より手に届きそうな目標を再設定することで学びを継続させています。つまり，中長期目標に近づくための下位の目標を設定しているのです。このような営みは目標の階層化と呼ばれます。「主体的に学習に取り組む態度」を十分に持っている学習者は，自覚がなくともこのような階層化を実行していることが多いです。英単語をたくさん暗記しなければならない時，「今日は10単語だけ覚えよう」と意識したり，長大な楽曲を譜読みする際に，「今日は最初の8小節だけ完璧に演奏できるようにしよう」と意識したりするのが階層化です。「主体的に学習に取り組む態度」を身に付けて

いる生徒は，高すぎる目標を設定して致命的に挫折したりしません。長期目標から適切な短期目標を抽出することができるのです。

❹ 困難との対峙(2)

効果的な短期目標を設定できたＡさんですが，その目標達成が危ぶまれている場面です。ある程度の時間をかけて練習しても問題が解決しません。音楽に関わる技術習得においてはこのような状況は頻出します。「主体的に学習に取り組む態度」を身に付けたＡさんはこの困難をどう乗り越えるのでしょうか。

❺ 学習プロセスのメタ認知（原因帰属），学習方略の変更

Ａさんは，技術習得ができないことの原因を練習方法に見出しました。「主体的に学習に取り組む態度」を十分に身に付けているＡさんは，「才能がないからできないんだ」などと考えて学習を中断することはありません。Ａさんは音楽の授業で取り組んだ箏の練習で，ある程度の成功体験を積んでいました。つまり，「自分はやればできるはずだ」という感覚，すなわち自己効力感を持っている状態です。自己効力感がない学習者は，できない原因を自分の才能や教師との相性の悪さ等，外部の要因に帰属させがちです。言うまでもなく，「自分には才能がない」という断定的認識はあらゆる学習を阻害する要因になります。楽器の才能のなさに思いを馳せても，目標を達成する上でそれが生産的に機能することはないからです。「才能がない」という結論づけは問題解決を放棄して思考停止に陥っている状態で，「主体的に学習に取り組む態度」とは程遠い姿勢です。Ａさんは過去の経験で培った自己効力感を頼りに，できない原因を前向きに探すことができました。ここでは，Ａさんはできない原因を「基礎練習の偏り」に帰属させたことになります。p.58からの自己調整学習の項でも解説しますが「これまでの学習を振り返りうまく行っていないところを見つけ，その原因を分析する力」は「主体的に学習に取り組む態度」を支える重要な能力になります。

❻ 学習方略の工夫

「基礎練習の偏り」に原因を見出したＡさんは，インターネットを通して別の基礎練習という新たな学習方略を見つけ出しました。「主体的に学習に取り組む態度」が身に付いている生徒は，問題解決をするために書籍を用いて調べ物をしたり，教師に質問したりして情報を集めることができます。Ａさんの場合は，インターネットを用いて教材を探すことに成功しています。また，「特定の練習方法を唯一絶対の正解だと信じず，柔軟に試行錯誤する」姿も，音楽科という教科の特質に根ざした「主体的に学習に取り組む態度」が発揮されているものとして理解することができます。もしＡさんの「主体的に学習に取り組む態度」が不十分だったら，「この基礎練習ができないのはそもそも自分に才能がないからだ」「自分は手先が器用じゃない

から弾けないんだ」という生産性のない原因帰属に陥っていたかもしれません。その結果，インターネットで教材を探してみようとすらしなかったかもしれません。様々な学習方略を探して柔軟に試してみる，という姿勢は非常に重要な「学びに向かう力」なのです。

❼　困難との対峙(3)

「主体的に学習に取り組む態度」を発揮してベースの練習に取り組むＡさんですが，《ストラトキャスター・シーサイド》を演奏する技能を獲得するには至りません。目標を階層化しながら着実に練習を進めていますが，それでもまだゴールは見えません。学校の授業においてはここまで困難な課題が出されることは稀ではありますが，現実の社会において我々が直面する課題においてはこのようなことはむしろ一般的でしょう。ましてや，生徒が卒業後も生涯にわたって音楽を愛好するような状況を望むのであれば，生徒にはこのような事態を克服する力を身に付けてほしいものです。そして，それこそが「主体的に学習に取り組む態度」の涵養が全教科的に重視される本質的な理由でもあります。

❽　目標の調整

Ａさんは学習の動機でもあった《ストラトキャスター・シーサイド》を演奏するという中長期的な目標を大胆にも変更することにしました。学習の継続を優先させる場合においては，目標自体を変更することも時に有効です。日本の学校教育現場においては一度設定された目標を変更することが良しとされないことも多いのですが，目標を変更することで学習を継続させることができるのであれば，それは「主体的に学習に取り組む態度」の涵養にとっては良いことだとも言えます。どうしてもタンギングの技術を習得できない生徒に対してタンギングの練習だけを強要すると，「タンギングができないならリコーダーなんて辞めてしまおう」と考えかねません。そのような場合「タンギング以外にも表現を工夫する方法がある」という代替案を提示することができれば，その生徒は広い意味でのリコーダーの学習を継続することができるかもしれません。また，他の目標に向かいながらタンギングの練習にもじっくり取り組めば，タンギングの技術もいつの間にか習得できているかもしれないでしょう。目標の調整は，学習過程の初期であろうと中期であろうと常に検討されてよいのです。

❾　副次的な学び

ここでは，Ａさんが「主体的に学習に取り組む態度」を発揮したことによって当初の目標とは異なる成果が得られたことが示唆されています。教科教育では，PDCA サイクルに代表されるような「アウトプットが固定された学び」が前提になっているように思われます。「○○ができるようになる」という目標が絶対視され，それを習得するための最短ルートをとることが優先されます。しかし，人間に備わる「目標を設定する力」はそこまで優秀に機能しないこ

とも多いのです。したがって学びのプロセスにおいては，目標への最短ルートから逸脱するような事態が頻発することになります。Ａさんが最初に立てた《ストラトキャスター・シーサイド》を演奏するという目標も，総合的に勘案すれば適切なものではなかったようです。仮にＡさんが最初に自分で設定した目標を絶対視し，「《ストラトキャスターシーサイド》を演奏できない自分にはベースを弾く才能がない」と思ってしまっていたら，❷や❹の場面で心が完全に折れてしまっていたでしょう。Ａさんは「主体的に学習に取り組む態度」をしっかりと身に付けていたからこそ，「アウトプットが固定された学び」の罠に陥りませんでした。目標は臨機応変に変更されてよいことを経験的に理解していたのです。そのことによって，当初目標にしていた楽曲以外の演奏技能も身に付いたし，音楽の趣味も広まりました。ここでは学習の副産物として「音楽を幅広く愛好する心情」も身に付いたといってよいでしょう。

❿　新たな学習目標の設定

　ベースの技術習得にある程度成功したＡさんはDTMにも興味を持つようになりました。このＡさんのように，未知の領域に興味を持ち，ある種楽観的に手を出そうとしてみることができるのは「主体的に学習に取り組む態度」を持った人の特徴だといってよいでしょう。ＡさんがDTMの学習にチャレンジしようと思えるのは「自分なら勉強すればきっとできる」という自己効力感があるからです。その意味で，学習者に成功体験を蓄積させることは「学びに向かう力」の涵養において重要な意味を持ちます。

　Ａさんはベースの演奏技能を大幅に上達させたとはいえ《ストラトキャスター・シーサイド》を十分に演奏できるようにはなっていません。したがって，この一連の学習プロセスを「知識・技能」という評価の観点に準えて評価すれば，「技能」が十分に満足できる水準まで高まったとは言えないでしょう。しかしＡさんは今回の学習を通して「主体的に学習に取り組む態度」をさらに伸長させました。だからこそ最終的にDTMにも興味を持てたのでしょう。「主体的に学習に取り組む態度」ついては高く評価できそうです。「技能」の獲得に多少失敗しても，獲得を目指す取り組みの中で「主体的に学習に取り組む態度」が涵養されれば，いずれ「技能」も伸長するでしょう。その意味で，「主体的に学習に取り組む態度」を涵養することのできる授業をすることは非常に重要になるのです。

以上が，「主体的に学習に取り組む態度」を十分に身に付けたＡさんの具体的な音楽学習プロセスです。もし生徒がＡさんのようなプロセスで学びに向かっていれば，「主体的に学習に取り組む態度」を高く評価してよいでしょう。「主体的に学習に取り組む態度」で評価しようとしている「学びに向かう力」を「自らをモニタリングしながら学びを継続させる力」と定義した筆者の意図もご理解いただけたのではないかと思います。そして，「主体的に学習に取り組む態度」が，利那的な「やる気」とは区別されうる資質・能力であることもご理解いただけたかと思います。「知識・技能」や「思考力・判断力・表現力」と同等かそれ以上に重要な資質・能力だと言えます。

　Ａさんの学習の軌跡を改めて整理してみましょう。Ａさんは，自らを動機づけて音楽学習にチャレンジし，目標設定に積極的に関与しました。その上で，《ストラトキャスター・シーサイド》を演奏するという中長期的な目標が短期的には達成困難だと判断し，基礎練習フレーズの習得を短期的な目標に据えました。また，特定の基礎練習フレーズの演奏さえも難しいと感じた際にはその困難の原因を「基礎練習の偏り」に見出し，新たな学習方略を探し出しました。さらに，学習を継続させる過程で，そもそも課題曲が難しすぎたことに思い至り，別の課題曲を設定しました。結果的に，当初目標にしていた「技能」を獲得することはできませんでしたが，学習自体を粘り強く継続させることには成功した，と言えるでしょう。このような力は，まさに我々が「主体的に学習に取り組む態度」として涵養したい資質・能力です。これらを図にまとめると以下のようになります。

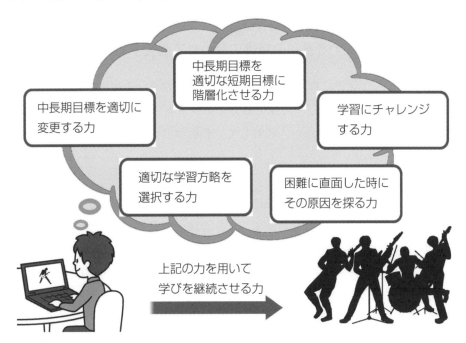

「主体的に学習に取り組む態度」
＝「自らをモニタリングしながら学びを継続させる力」

ここで「適切な学習方略」について補足します。学習方略とは自己調整学習研究においては learning strategy と呼ばれるものです。詳細についてはのちに解説しますが，ここでは，子どもが適切な学習方略を選択できているかどうか判断する際に参考になる指標をあげておきます。下記のような学習方略を選択していたら，自らの学習を調整できていると判断してよいかもしれません。評価規準として設定する上では，練習方法に直接的に関わる学習方略を参照するのがよいでしょう。

・難しいフレーズを短く区切って練習している
・テンポを落として練習している
・リコーダーで演奏できないフレーズが出てきた時にリズム読みをしている
・わからないことやできないことに直面した際に先生や友人に質問したりアドバイスを求めたりしている
・わからないことやできないことに直面した際に本やインターネットを使って調べている
・ワークシート等の課題に計画的に取り組んでいる
・練習環境や学習環境を整え効率的に学ぼうとしている

音楽科で活用が想定される学習方略

4 「主体的に学習に取り組む態度」の特殊性 ～汎教科的な資質・能力を教科の特性に合わせて涵養する～

　ここまでに，「主体的に学習に取り組む態度」が身に付いている生徒の姿を確認してきました。音楽科の文脈に即して言えば，「自分で自分をレッスンする力」であるとも言えます。では，そのような力を身に付けていない人に対して，教師はどのようにアプローチすればよいのでしょうか。

　先ほども触れたように，生徒の「主体的に学習に取り組む態度」は，教師主導の一斉教授の場というより，生徒が自律的に学習を組織するような場面で発揮されます。**教師が前に立ち，音取りから発声指導までテキパキと進めてしまうような授業は非常に鮮やかですが，生徒が目標を階層化させたり学習方略を試行錯誤したりする余白がないという意味で，「主体的に学習に取り組む態度」の育成にはあまり向いていないと言えるでしょう。**しかし，それは「『主体的に学習に取り組む態度』の涵養に教師が介入することはできない」ということと同義ではありません。教師が適切な介入をすることで「主体的に学習に取り組む態度」を涵養することができるのです。

「主体的に学習に取り組む態度」は「知識・技能」や「思考力・判断力・表現力」と比較すると非常に特殊な資質・能力です。以下では「主体的に学習に取り組む態度」すなわち「自らをモニタリングしながら学びを継続させる力」を育む際の基本的な考え方について解説します。

▶▶ 「主体的に学習に取り組む態度」は教科内容の学習を通して獲得される

まず，最も基本的な原則は「『主体的に学習に取り組む態度』は教科の学習を通して涵養される」ということです。「主体的に学習に取り組む態度」は「①『知識・技能』や『思考力・判断力・表現力』を粘り強く獲得しようとする力」と「②自らの学習を調整しようとする力」の２つで構成されることを確認しましたが，①から明らかになるように，「主体的に学習に取り組む態度」は常にその教科の「知識・技能」や「思考力・判断力・表現力」の獲得に向かう過程で発揮・伸長されます。したがって，音楽科において「主体的に学習に取り組む態度」それ自体を独立して身に付けさせるような授業はあまり想定できませんし，教科外の内容を教えている際に「主体的に学習に取り組む態度」の評価をすることも適切ではありません。**音楽科においては，音楽科的な「知識・技能」や音楽科的な「思考力・判断力・表現力」の獲得が目指される時に「主体的に学習に取り組む態度」が発揮・伸長されることになります。**

具体的なエピソードを紹介します。私が中学生だった頃，音楽科の定期試験で「文化祭で開催される合唱コンクールのプログラムの穴抜きを埋める」という問題が毎年出されていました。合唱コンクールのプログラムには，各クラスが歌った合唱曲の作詞者・作曲者に加え，指揮者や伴奏者の名前も掲載されています。定期試験で「１年２組で指揮をしていたのは誰か記憶している」という資質・能力が問われていたのです。信じられないかもしれませんが，本当にあった話です。そして筆者はこのテストが原因で，音楽科の授業を心底嫌っていました。今でこそ合唱やリコーダー演奏も好きで，音楽教育に関わ

信じられないような
定期試験の問題

る仕事をしている筆者ですが，当時は音楽科の授業が本当に嫌いだったことを今でも覚えています。

私が中学生だった頃と現在とでは使用されている学習指導要領が異なりますが，現行の学習指導要領に当てはめて考えると，出題者の音楽科教師はおそらくそのテストで「知識」もしくは「主体的に学習に取り組む態度」を評価したかったのだと思います（当時は「主体的に学習に取り組む態度」ではなく「関心・意欲・態度」でした）。その教師にとっては「合唱コンクールのプログラム」は音楽科的な知識であり，その音楽科的知識の獲得に向けて「自らをモニ

タリングし学習を継続させる力」を発揮していれば「主体的に学習に取り組む態度」も評価できる，という算段でしょう。あるいは，「プログラムの丸暗記なんてやる気があれば誰だってできるんだから，これが解けてるということは授業に真面目に取り組んでいると評価できる」と安直にも考えていたのかもしれません。本書をここまで読んでいる読者の方は，「主体的に学習に取り組む態度」が「やる気」や「授業に対する真面目さ」とは全く異なるということを既にご理解いただいているかと思いますので，この期末試験の問題を改めて指摘する必要はないでしょう。ここで考えたいのは「合唱コンクールのプログラムは音楽科で取り扱うべき知識なのか」ということです。

　生徒が合唱コンクールのプログラムを暗記するために「主体的に学習に取り組む態度」を発揮すること自体は可能です。第1学年から第3学年まで全クラス分の合唱曲名，作詞者名，作曲者名，指揮者名，伴奏者名を全て記憶することがここでの中長期的な目標ですが，この目標を一瞬で達成することは難しいでしょう。その場合，適切な短期目標を設定することが重要になります。例えば，生徒が「今日は第1学年の合唱曲名と作詞者名，作曲者名に絞って学習しよう」という短期目標を立てて，その知識に向かって粘り強く学習を続けていれば，一般的な資質・能力としての「主体的に学習に取り組む態度」を発揮していることになります。あるいは，暗記が捗るように学習環境を整えたり，繰り返し書いて覚えようとしたりしていれば，適切な学習方略を選択しているという意味で同じく「主体的に学習に取り組む態度」を発揮していると言えるでしょう。しかし，そのような粘り強い学習の先に獲得が目指される知識が「音楽科で取り扱うべき知識」でない場合，そのプロセスを音楽科の「主体的に学習に取り組む態度」で評価することは望ましいことではありません。

　この事例の場合，合唱曲名と作詞者・作曲者名くらいは音楽科で取り扱うべき知識として捉えても悪くないかもしれません。しかし，指揮者や伴奏者といった同級生の名前は音楽科で取り扱うべき知識とは言えなさそうです。したがって，「同級生の名前」という非音楽科的な知識の獲得に向けて学ぶプロセスを音楽科における「主体的に学習に取り組む態度」として評価することには問題があります。そもそも，「同級生の名前」という非音楽科的な知識を音楽科で取り扱うこと自体がおかしいのです。「主体的に学習に取り組む態度」は教科横断的な資質・能力ではありますが，その育成に関しては教科の特質にあった方法が求められているのです。

　なお余談ですが，筆者がこのテストに対して強い嫌悪感を覚えていたのは，同級生の名前に関する知識が音楽科で評価され，その点数が成績に反映されることに対して中学生なりに違和感があったからです。**教育学を学んでいない中学生でも，教科内容の妥当性にはある程度気づきます。**特に音楽科は，絶対的正解のある学問というよりも多様な価値観が共存する文化的領域です。だからこそ，授業で取り扱われる学習内容に課題価値があるか，生徒自身も吟味するのです。「主体的に学習に取り組む態度」の評価を適切にするために，そして音楽科という教

科の特質にあった「知識・技能」「思考力・判断力・表現力」を育成するために，生徒に与える課題についてはしっかりと選定する必要があるでしょう。

▶▶ 「主体的に学習に取り組む態度」は教科に固有の資質・能力ではない

　ここまでに，「主体的に学習に取り組む態度」は教科の内容の指導を通して育まれることを指摘しました。しかし，**とてもややこしいのですが，「主体的に学習に取り組む態度」自体は教科の内容には含まれていません。教科の学習を通して獲得が目指される資質・能力でありながら教科の内容として該当するものがない**，とはどういうことでしょうか。このことを理解するためには学習指導要領を見ていく必要があります。先にも引用しましたが，中学校音楽科の学習指導要領（p.99）には学年を縦断する目標として下記のような文章が掲載されています。

中学校音楽科　目標	該当する資質・能力
表現及び鑑賞の幅広い活動を通して，音楽的な見方・考え方を働かせ，生活や社会の中の音や音楽，音楽文化と豊かに関わる資質・能力を次のとおり育成することを目指す。	
(1)　曲想と音楽の構造や背景などとの関わり及び音楽の多様性について理解するとともに，創意工夫を生かした音楽表現をするために必要な技能を身に付けるようにする。	知識・技能
(2)　音楽表現を創意工夫することや，音楽のよさや美しさを味わって聴くことができるようにする。	思考力・判断力・表現力
(3)　音楽活動の楽しさを体験することを通して，音楽を愛好する心情を育むとともに，音楽に対する感性を豊かにし，音楽に親しんでいく態度を養い，豊かな情操を培う。	学びに向かう力，人間性

　(1)が「知識・技能」，(2)が「思考力・判断力・表現力」，(3)が「学びに向かう力，人間性（主体的に学習に取り組む態度）」に対応するものであることは既に確認しました。この学年を縦断する目標に続き，学習指導要領では第1学年と第2及び第3学年それぞれに「1　目標」「2　内容」が掲載されています。上記に引用したいわゆる柱書の目標と同様，学年ごとに定められる「1　目標」も(1)〜(3)の構成になっており，(3)には「学びに向かう力，人間性」に該当する目標が設定されています。教科の目標には「主体的に学習に取り組む態度」に対応する

ものが明記されていることがわかります。

　一方で「2　内容」には「主体的に学習に取り組む態度」に該当する記述が存在しないません。例えば「2　内容」における第一学年の歌唱に関する記述は下記のような構成になっています。

学習指導要領　音楽科　2　内容 第一学年Ａ表現より歌唱に関する記述	該当する資質・能力
(1)　歌唱の活動を通して，次の事項を身に付けることができるよう指導する。	
ア　歌唱表現に関わる知識や技能を得たり生かしたりしながら，歌唱表現を創意工夫すること。	思考力・判断力・表現力
イ　次の(ア)及び(イ)について理解すること (ア)曲想と音楽の構造や歌詞の内容との関わり (イ)声の音色や響き及び言葉の特性と曲種に応じた発声との関わり	知識
ウ　次の(ア)及び(イ)の技能を身に付けること。 (ア)創意工夫を生かした表現で歌うために必要な発声，言葉の発音，身体の使い方などの技能 (イ)創意工夫を生かし，全体の響きや各声部の声などを聴きながら他者と合わせて歌う技能	技能

　アに示されているのが「思考力・判断力・表現力」に関わる内容，イに示されているのが「知識・技能」のうちの「知識」に関わる内容，ウに示されているのが「知識・技能」のうち「技能」に関わる内容です。上の表は第一学年の歌唱を例に挙げましたが，器楽と創作に関しても同じ構造になっています。鑑賞に関してはウの「技能」がなく，アの「思考力・判断力・表現力」とイの「知識」が内容として掲載されています。以上から明らかになるのは，指導要領では教科の内容として「思考力・判断力・表現力」と「知識・技能」については明確に言及されていますが，「主体的に学習に取り組む態度」が評価の対象とする「学びに向かう力，人間性」には言及されていない，ということです。これはどういうことでしょうか。

　「2　内容」に「学びに向かう力，人間性」についての記載がないことについて，国立教育政策研究所は次のように述べています[7]。

「主体的に学習に取り組む態度」に関しては，特に，児童生徒の学習への継続的な取組を通して現れる性質を有する事等から，「2　内容」に記載がない。

　正直なところ，「継続的な取組を通して現れる性質」を有しているから教科の「2　内容」に記載がない，という説明に筆者はあまり納得できなかったのですが，とはいえ，「主体的に学習に取り組む態度」が学習指導要領の「2　内容」で言及されていないことは事実です。その理由を筆者なりに考えてみたところ，**「学びに向かう力，人間性」が教科独特の資質・能力というより，汎教科的な資質・能力であること**に一因があるのではないか，という結論に至りました。これまでに確認してきたように，「学びに向かう力」，すなわち「主体的に学習に取り組む態度」とは「自身をモニタリングしながら学びを継続させる力」です。これはある程度あらゆる領域で通用する資質・能力だと言えます。以下に具体的事例を挙げながら説明したいと思います。

▶▶ 「主体的に学習に取り組む態度」は楽器演奏とゲームプレイを横断して発揮される

　筆者は高校で吹奏楽部に入りクラシカル・サキソフォンに夢中になりました。上手くなりたい一心で色々な基礎練習を試したり，インターネットで情報収集をしたり，難しい曲でも計画的に譜読みを進めたりしていました。自分の練習プロセスをかなり客観的に捉え，「このフレーズができないから基礎練習をこっちに変えてみよう」等，初心者なりに試行錯誤していた記憶があります。今振り返れば「主体的に学習に取り組む態度」を発揮・伸長させながらクラシカル・サキソフォンの技能について学んでいたと言えるでしょう。先述したAさんの学びのプロセスと似たものがあったように思います。その経験があったからか，大学入学後に副科で始めたヴァイオリンや最近趣味で始めたエレキベースも挫折することなく一定のペースで上達できてきた実感があります。そして，楽器の練習を通して獲得された「主体的に学習に取り組む態度」は他領域での学びにおいても援用できているなと感じることが多々あるのです。

　筆者は最近 APEX Legends というオンラインFPS（first perspective shooting）ゲームにハマっています。仮想空間に降り立って一人称視点で銃を持って戦い最後まで生き残ることを競う，いわゆるバトルロイヤル形式のゲームです。こういったタイプのゲームはeスポーツと呼ばれるほど競技性が高く，上手いプレイヤーになるためには地道な練習が欠かせません。初心者プレイヤーは負けることの方が圧倒的に多く，成功体験を積む

イライラしながらもゲームを続けるのはなぜ？

のが非常に難しいタイプのゲームだと言えます。近年ではスマートフォンでFPSゲームをプレイできるようになったこともあり，気軽に始める人も多いのですが，なかなか上達しないため挫折する人も多いのです。それでも筆者は意外にもこのタイプのゲームをここ数年愛好し続けることができるています。もちろん筆者はいわゆる上手いプレイヤーではないので，ゲームでは相変わらず負けることの方が多いです。そして，当然ながら，勝てないゲームは面白くありません。筆者も負けるたびにイライラしています。では，なぜ筆者はイライラしながらもこのゲームを続けることができているのでしょうか？

　その理由は「さっきの試合ではここがまずかったな……次はもっとこうしてみよう」というように自分の実践を振り返って反省したり，問題点を克服するための練習をおこなったりすることで，学びを継続させることができているからだと思います。反省を繰り返しながら練習することで学習の蓄積を実感でき，それによって微々たる上達を感じることができれば，学習を継続させることができるのです。まさに「主体的に学習に取り組む態度」を身に付けている学習者としてこのゲームを粘り強く学習し続けている，ということです。イライラする時間の方が長い上に，ゲームを辞めても誰にも怒られないのに続けることができているのは，楽器の練習で培った「主体的に学習に取り組む態度」のおかげでしょう。

　そして，このエピソードにおいて特筆すべきは，APEXで発揮されている筆者の「主体的に学習に取り組む態度」は，過去のゲーム学習を通して身に付いたわけではなさそうだ，という点です。

▶▶▶ 「プレイヤー学習型」は「主体的に学習に取り組む態度」を育む

　筆者はAPEX以外にも過去にゲームをしてきましたが，過去のゲーム経験で「主体的に学習に取り組む態度」を発揮・伸長させていた実感はあまりありません。筆者が学生時代にやっていたのは，時間をかければキャラクターのレベルが必ず上がるタイプのいわば「キャラクター育成型」ゲームでした。何も考えなくても地道なレベル上げさえしていればクリアできるので，プレイヤーである私たちにとっては学習の余地があまりないゲームシステムだったと言えます。「キャラクター育成型」のゲームは「主体的に学習に取り組む態度」を育成する教材としてはあまり適切ではないと言えそうです。一方で，APEXを始めとするFPSゲームにキャラクター育成の概念はありません。みんな平等な条件で戦いを始めるので，ゲームの勝敗を分けるのはキャラクターのレベルはなくプレイヤーの腕です。いわば「プレイヤー学習型」ゲームだと言えます。これまで「キャラクター育成型」ゲームしかやったことのなかった筆者にとって，「プレイヤー学習型」ゲームであるFPSは全く新しい体験でした。しかし，筆者はその未知の領域において「主体的に学習に取り組む態度」を発揮しながら挫折することなく学びを継続させることができたのです。おそらく楽器の練習を通して身に付いた「主体的に学習に取り組む態度」がAPEXでも発揮されたからでしょう。

このような現象が生じるのは，「主体的に学習に取り組む態度」が「知識・技能」や「思考力・判断力・表現力」とは異なる性格の資質・能力だからです。音楽科における「知識・技能」や「思考力・判断力・表現力」が他教科での問題解決に直接的に生かされることはあまりないでしょう。五線譜を読む能力を使って二次方程式を解くことができるわけではありませんし，曲の様式にあった発声をする力を使って跳び箱を飛ぶことができるわけではありません。教科に関する「知識・技能」や「思考力・判断力・表現力」は，属教科的な特殊な資質・能力だと言えます。しかし，「学びに向かう力」，すなわち「主体的に学習に取り組む態度」に関しては「自らをモニタリングしながら学習を継続させる力」という非常に一般的な資質・能力です。音楽科で身に付いた「主体的に学習に取り組む態度」は他教科でも直接的に活用できますし，他教科で身に付いた「主体的に学習に取り組む態度」は音楽科での学習活動でも発揮されるでしょう。音楽科の学習活動の中で，適切な短期目標を設定したり学習方略を選択したりできている生徒は，他教科でも同様の学び方をすることができる可能性が高いと言えるでしょう。そのような汎教科的な資質・能力だからこそ，学習指導要領上で教科の内容として言及しても，教科ごとに差異を出すことは難しくなります。もちろん教科に固有の学び方は存在するので，「主体的に学習に取り組む態度」も教科に応じて発揮・伸長されたりされなかったりすることもあるでしょう。しかし，俯瞰してみれば，学習指導要領の「2　内容」のところにあえて記載するほどではない，ということなのでしょう。

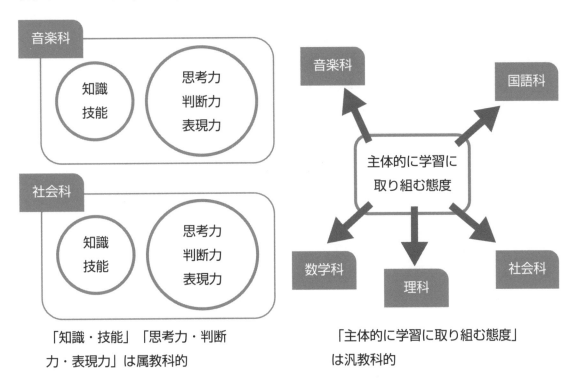

「知識・技能」「思考力・判断力・表現力」は属教科的

「主体的に学習に取り組む態度」は汎教科的

属教科的資質・能力と汎教科的資質・能力

このように書くと、「『主体的に学習に取り組む態度』は教科の内容の獲得に向けて発揮・伸長される」という先ほどの言説と矛盾するように感じるかもしれません。先ほど筆者は、「合唱コンクールのプログラムの暗記」を例に出し、獲得が目指される知識が教科の内容なのかどうかが重要だ、と強調しました。合唱コンクールのプログラムに関する知識が音楽科という教科の特性にあったものでない場合は、それを身に付けようとするプロセスを音楽科における「主体的に学習に取り組む態度」の観点で評価することは適切ではない、と述べました。しかし、結局「主体的に学習に取り組む態度」が汎教科的な資質なのであれば、どのような知識に向かおうとも関係ないようにも思います。つまり、同級生の名前を漢字で暗記させる学習を通して「主体的に学習に取り組む態度」を育むことができるのであればそれはそれでいいし、音楽科の時間に漢字の学習をさせて「主体的に学習に取り組む態度」を評価してもいいのではないか、という発想です。

これについては、「主体的に学習に取り組む態度」の評価の話というより、音楽科の授業で扱うべき学習内容を精査する視点から考える必要があります。確かに「主体的に学習に取り組む態度」は、どのような領域の課題を用いても育てることができるでしょう。もしかしたら、理科的学習よりも音楽科的学習の方が「主体的に学習に取り組む態度」を育成しやすいかもしれませんし、極端な話をすれば、教科教育的学習よりも APEX のようなゲームの方が生徒の「主体的に学習に取り組む態度」を効率的に涵養できるかもしれません。しかし、だからと言って音楽科の授業で APEX をやらせていいわけではありません。音楽科の授業の中で漢字の読み書きを教えることに特化した題材を取り扱うことも不適切でしょう。学習指導要領の「2 内容」のところで APEX の技能や漢字の知識について言及されていないからです。

ゲームは極端な例ですが、例えば歌詞を丸暗記させる学習活動を課してそのプロセスを「主体的に学習に取り組む態度」の観点から評価するのが適切か、と問われると迷う方も多いのではないでしょうか。この場合は、「歌詞を暗記できている」という資質・能力が音楽科で取り扱うべき「知識」に該当するのかどうかが判断のポイントことになります。指導要領には「曲想と音楽の構造や歌詞の内容との関わり」についての知識を身に付けるよう言及されていますが、これに「歌詞の暗記」も含まれるのかどうか考えることが重要です。筆者は含まれないと考えますが、この辺りはある程度解釈の余地があります。大事なことは、教師がきちんと説明責任を果たせるようなロジックを持っておくことです。

以上に、「主体的に学習に取り組む態度」についての考え方をまとめました。改めて整理すると、下記のようになります。

---

① 「主体的に学習に取り組む態度」を音楽科において評価する際、生徒が音楽科的な「知識・技能」「思考力・判断力・表現力」の獲得に向かっているかどうか留意すべきである。

---

② ただし「主体的に学習に取り組む態度」という資質・能力自体は汎教科的である。音楽科独特の「主体的に学習に取り組む態度」があるわけではない。

③ 「主体的に学習に取り組む態度」はどのような学習内容を取り扱っても育てることができるが，授業で取り扱うべき学習内容は学習指導要領に則って教科の内容に準ずるものでなければならない。

　「主体的に学習に取り組む態度」は「知識・技能」や「思考力・判断力・表現力」とは全く違う資質・能力だということをご理解いただけたかと思います。また，「キャラクター育成型」と「プレイヤー学習型」のゲームの例で，「同一カテゴリーの学習でも『主体的に学習に取り組む態度』の涵養に効果的なものと非効果的なものがある」ということも明らかになりました。「主体的に学習に取り組む態度」は「努力してる感」と混同されているようにも思いますが，「キャラクター育成型」ゲームでよくある思考停止でレベル上げをするような作業では，「主体的に学習に取り組む態度」は身に付きにくくなります。もちろん「キャラクター育成型」ゲームでも「どこでどんなミッションをこなせば効果的にレベルを上げることができるのか」等を自分なりに工夫することで「主体的に学習に取り組む態度」を発揮・伸長させることも可能ですが，「プレイヤー学習型」のゲームほど「主体的に学習に取り組む態度」を積極的に発揮しなくても作業を継続できてしまいます。授業の中で効果的に「主体的に学習に取り組む態度」を育もうとするのであれば，「キャラクター育成型」というより「プレイヤー学習型」のような授業をすべきでしょう。「主体的に学習に取り組む態度」という資質・能力の特殊性を理解することは，授業を組み立てる上でも非常に重要になります。

5　「主体的に学習に取り組む態度」を育て評価する上で気をつけたい3つのポイント

　ここまでの説明で「主体的に学習に取り組む態度」の特殊性をご理解いただけたかと思いますので，ここではそれを獲得させる方法について考えてみたいと思います。具体的な評価の方法論や音楽科の特殊性に根ざした教育課程のあり方については次章以降で詳しく解説するとして，ここでは概論的に「主体的に学習に取り組む態度」を育む方法について解説します。

　「主体的に学習に取り組む態度」は，知識のように教師から特定の正解を伝達されることによってのみ育っていくものではありません。もちろん，教師からの伝達が全く不要になるわけではありません。むしろ「主体的に学習に取り組む態度」を発揮・伸長させる上で生徒が事前に知っておくべき事項も存在する，ということは強調されてよいでしょう。それでも「知識・技能」や「思考力・判断力・表現力」の指導とは区別しなければなりません。では，「主体的に学習に取り組む態度」を育むためにはどんな条件が必要になるのでしょうか。

「主体的に学習に取り組む態度」は非常に複雑な概念によって構成された資質・能力であり，評価の観点です。後に示すように，この概念には自己調整学習や自己決定理論といった学習心理学領域の知見も関わってきます。中央教育審議会の報告では，「主体的に学習に取り組む態度」の評価において心理学等の学問的知見を活用することが有効であることが示唆されています[8]。この文面だけを読むと，心理学の知識については活用が推奨されている程度で必須とされているわけではないような印象を受けますが，実際に学びを自己調整する側面を育み評価する上では，心理学的な知識をある程度理解しておくことが不可欠と言ってよいでしょう。

しかし，多くの先生方が参照しているであろう『「指導と評価の一体化」のための学習評価に関する参考資料』を見ても，「主体的に学習に取り組む態度」が2側面から評価されることが説明されているのみにとどまり，自己調整学習や動機づけの原理がクリアに解説されているわけではありません。文部科学省や中央教育審議会，国立教育政策研究所等の資料は，「主体的に学習に取り組む態度」の理論的基盤を把握するには不十分ですが，一方で多くの先生方にとって論文や専門書を手に取るのは心理的にも実際的にもハードルが高いと感じられるでしょう。

したがって，本書では自己調整学習や自己決定の理論を踏まえ，「『主体的に学習に取り組む態度』を育成するにはどのような教育プロセスが必要か」筆者なりにまずはざっくりと解説します。その上で，「主体的に学習に取り組む態度」についてより深く理解したい読者を想定して自己調整学習や自己決定理論についても概論的に解説したいと思います。本書で取り扱う学習心理学に関する知見はあくまで概論的なものですので，より深く学びたいという読者の方は参考文献にあげている書籍を是非ご参照ください。

「主体的に学習に取り組む態度」を育成するためには，授業の中で❶成功体験を蓄積させること，❷学習方略に関する知識を与えること，❸自律的な学習の時間を確保すること，の3つのポイントを押さえる必要があります。それぞれ解説していきます。

❶ 成功体験を蓄積させる

成功体験の有無は生徒が「新たな学習に向かえるかどうか」という学習のきっかけに大きく影響します。例えば，先述のベースを始めたAさんの事例のように，学習者自身が学習内容に対する強い内発的動機を持っている場合，成功体験がなくても学習を始めることができるでしょう。しかし，**音楽科において，全ての生徒が音楽科の学習内容に内発的動機を持っているとは限りません**。興味のない学習課題に取り組むのは非常に難しいものです。また，人は役に立ちそうにない知識の学習にも消極的です。音楽科の学習内容はほとんどの生徒のキャリアや人生に積極的に影響を与えないことが多いでしょう。音楽科での学びをきっかけに音楽的趣味が広がる生徒も当然いるでしょうが，それはあくまで結果論です。教材曲にはじめから興味のない生徒が「この曲の構造に注目して鑑賞すれば自分の人生が豊かになるかもしれない，よし頑

張ってみよう」と思うことは稀だと考えたほうが現実的でしょう。これらの事情から，音楽科は生徒が学習に取り組み始めるきっかけをつくることが非常に難しい科目と言えます。「主体的に学習に取り組む態度」の実態は「自らをモニタリングしながら学習を継続させる力」ですが，そもそも学習を開始させることができなければ学習をモニタリングしたり継続させたりすることはできません。

　ここでイメージしてほしいのは先程のAさんがある種軽率にDTMの学習を始めようとしたエピソードです。Aさんは，ベースの練習や授業での箏の学習を通して，音楽的な自己効力感を持っていました。AさんにとってDTMは未知の領域で，どのような学習をすれば熟達するのかまだ見えていない状態です。それでも，「自分は練習や学習をすれば上手くなるんだ」という自己効力感を有していたからこそ，最初の一歩を踏み出せました。この「できるかどうかはわからないけどとりあえずやってみよう，いずれできるようになるだろう」という楽観的な展望を持つことは学習においてとても重要です。「自分には才能がないからできるわけがない」と思っている学習者は，困難に対峙した時に問題解決をしようとしなくなってします。したがって「やればできそうだ」という自己効力感を持たせることは「主体的に学習に取り組む態度」を発揮させる上での重要な下地になります。

　では，どのようにして「やればきっとできる」感，すなわち自己効力感を育てればよいのでしょうか。それこそが，小さな成功体験の蓄積です。一般論として，生徒に成功体験を積ませることは自己効力感の育成につながります。しかし，成功体験を積ませると言っても，音楽科の授業において生徒が「主体的に学習に取り組む態度」を発揮・伸長することにつながるような成功体験をデザインすることは実はなかなか難しいものです。より踏み込んで説明するならば「自分はすでに音楽的技能が身に付いているからどんなフレーズでも演奏できそうだ」という「既習技能に対する自己効力感」と「現段階で技能はないけど自分には学習を通してその技能を身に付けることができそうだ」という「学びに向かう力に対する自己効力感」は別で，後者を身に付けることができるような成功体験をデザインにする必要があるのですが，それがとても難しいのです。以下に具体例を挙げながら説明していきます。

　「生徒に成功体験を積ませよう」と考える人が最初に思いつくのは，「だれにでもできそうな簡単で単純な課題を与える」という方法です。例えば，アルトリコーダーで「ドーレードー」と演奏する技能は多くの生徒にとって難しくないでしょう。左手の薬指を上下させるだけで達成できる技術的課題です。教師がテンポよく授業を進めながら練習させれば，いわゆる定型発達の生徒の多くがこの課題をクリアすることができそうです。しかし，生徒はこのフレーズを演奏できる

だれでもできそうな簡単な課題

ようになった後，「この調子で頑張ればリコーダーに関する他の技能も順調に身に付けることができそうだ」というイメージを持てるでしょうか？　楽観的にそう思える生徒もいるでしょうが，おそらくそこまでの展望を持つことが難しい生徒も少なくないでしょう。多くの生徒にとって課題があまりに簡単すぎて，自らの力で主体的に課題を達成できた感が薄いからです。この「ドーレード―」を演奏する既習技能を使えば，ドとレで構成された単純なリズムのフレーズの演奏技能習得に対しては「既習技能に対する自己効力感」を発揮できるかもしれませんが，ミやファ♯を含むやや複雑なフレーズに対して「やればできる」とは思えないかもしれません。「主体的に学習に取り組む態度」の育成と評価につなげるための成功体験，すなわち学習プロセス自体に対する自己効力感の獲得に至るような成功体験は，自ら目標を立て試行錯誤した結果その目標を達成するプロセスを内包している必要があります。つまり，**ある程度簡単な課題であることに加え，目標の設定や学習方略の選択に生徒の工夫の余地が確保されていることが重要なのです。**

　生徒に工夫の余地が残される課題とは具体的にどのようなものが想定されるでしょうか。逆に，生徒の工夫の余地が狭い状況を考えてみましょう。生徒が全く試行錯誤する余地のない学習活動とは，特定のフレーズを楽譜通りに演奏させるような課題を与え，課題達成までの練習も教師が全て管理し，学習の到達度について教師が判断してフィードバックするようなものです。このような学習活動には，これまでに見てきたような「主体的に学習に取り組む態度」が発揮・伸長される場面が積極的にデザインされているとは言い難いでしょう。

　例として，リコーダーで特定の旋律をアーティキュレーションに留意して演奏させるような課題について考えてみましょう。従来型の授業だと，「スラーの頭にはタンギングしましょう，タンギングすべき箇所で tu の発音をしてください」という方法論を教えた後，反復練習させて技能獲得を目指させそうですね。このような学習においても，例えば個人練習の時間をとり，教師が机間巡視しながら「一曲を通して練習するのみならず難しい箇所を取り出して練習しているか」「テンポを落として練習しているか」等をチェックすれば，「主体的に学習に取り組む態度」が発揮・伸長されているかどうか見ること自体は可能です。また，後に紹介するような学習振り返りワークシートを活用するのもよいでしょう。しかし，これでは「キャラクター育成型ゲーム」で「効率のよいレベル上げ」をやらせているに過ぎない，ということもできます。

　では「アーティキュレーションに留意して演奏する」という題材の目標を達成させつつより効果的に「主体的に学習に取り組む態度」を発揮・伸長させるにはどのような授業にしたらよいのでしょうか。例えば，「この旋律に，自分なりにスラーを付けて演奏してみましょう。スラーをつける位置は好きに設定していいよ」という課題にしてみてはいかがでしょうか。アルト・リコーダーにおいてドとレをスラーで演奏するのは比較的容易ですが，ソとラをスラーで演奏するのは技術的に難しくなります。ここで「ソとラをスラーで演奏できなければ絶対にだめ」という課題設定にしてしまうと，ソとラのスラーができない生徒は「自分はこの題材が全

体的に苦手だ」と判断していしまい学習の継続が困難になる可能性が高くなりますし，短期目標の設定に工夫の余地がなくなってしまいます。「必ずスラーはできなければならないが，それを使う場所はどこでもよい」という条件にすることで，「自分にとってソとラをスラーで演奏することは難しいから，それ以外の音をスラーでつないでみよう」という判断をする余白が生まれます。「ソとラをスラーでつなげる」という技能を全ての生徒に獲得させることは保証できなくなりますが，その分「自らをモニタリングしながら学びを継続させる力」は身に付けさせやすくなります。

　あるいは，もっと活動の余白を広くして，「リコーダーでドレミファソの5つの音とスラーを使って8拍で構成される面白いフレーズを作ってみよう」という課題ならどうでしょうか。「面白いフレーズ」という目標設定は非常に抽象的なので，具体的な短期目標は生徒自体に委ねられています。その上で，「面白いフレーズ」を演奏するために生徒は様々な試行錯誤をするでしょう。また，全ての音を8拍に収めつつ，スラーを取り入れるにはちょっとした工夫が必要になってきます。そして，最終的に生徒が演奏した「面白いフレーズ」に対して教師が肯定的なフィードバックを与えれば，「主体的に学習に取り組む態度」という資質・能力を発揮した上での成功体験を積むことができたと言えるでしょう。

「8拍で構成される面白いフレーズ」の例

　ここに例示したような，自由度の高い活動の中で生徒に自己効力感を持たせること自体を目的とする授業で重要になるのは，教師の肯定的フィードバックの質です。「自由にスラーをつける」「面白いフレーズを作る」のような活動を設定した理由は，目標の設定と学習方略の選択に関して生徒が創意工夫を発揮する余地が十分にあるからですが，この活動の自由度の高さ故に，生徒の作るフレーズに絶対的な正解はないことになります。そうすると，教師は特定の演奏やフレーズといったアウトプットではなく，生徒の主観的なこだわりやチャレンジする姿勢といったプロセスを肯定的に評価する必要性に迫られます。生徒が妥当なプロセスを経て自

分なりに工夫したフレーズであれば，それがどんなフレーズであれ肯定的に評価しなければなりません。言うなれば，教師にはある種のポジティブな大喜利力が必要なのです。

　筆者も大学の教員養成課程に在籍する大学生と絶対的な正解のない音楽づくりを一緒に実践し，学生に対して肯定的なフィードバックをすることで音楽創作に当事者意識を持たせようと試みていますが，学生から「先生は褒めるのが上手いですね，何やってもいいように評価してくれますね」とよく言われます。また，中学生を対象にした音楽づくりワークショップでも，生徒たちが作るフレーズがどんなものであれ，生徒たちなりの工夫を凝らした演奏をしていれば肯定的なフィードバックをします。筆者はこのようなプロセスに対するフィードバックを日常的に行っているのであまり自覚がなかったのですが，周囲の人に「褒めるのが上手い」と指摘され，逆説的に「多くの人はプロセスを見取ってポジティブにフィードバックすることに慣れていないのだな」と感じました。

　プロセスの評価は，特定の正解を想定し，そこからの逸脱の少なさをフィードバックするアウトプットの評価とは大きく異なります。したがって，クラシック音楽に親しんできた音楽科教員養成課程の学生は，クラシック音楽的な演奏の上手さに関するフィードバックをすることは可能な場合が多いのですが，プロセス自体をポジティブにフィードバックすることが苦手な場合も多いようです。プロセスを評価するコツを言語化するのは難しいのですが，あえて簡略化して説明するのであれば，**自分の中に正解を持たず，演奏者が工夫したであろうポイントを事実として指摘していくイメージ**でしょうか。一聴すると単純で特別褒めるところが見つからないような演奏でも「同じリズムをひたすら繰り返したんだね，なるほど！」とか「あえてあんまり盛り上げるところを作らずに一定の音量になるような演奏にしたの？　それもありだね〜」とか，実は何でも褒めることができます。また，演奏を聴いただけでフィードバックができない場合は，「どこを工夫したの？」とか「そのフレーズはどういう経緯で作られたの？」等の質問をしていくことも有効です。そうすると，「最初に〇〇さんがなんとなく演奏したリズムが面白かったのでそれをもとにみんなで似たようなリズムを重ねていきました」のような返答が得られることがほとんどです。それに対して，「なるほど，〇〇さんが演奏したリズムの特徴を他の人がうまく捉えて真似していったんだね」のように事実を肯定的にフィードバックすることで，試行錯誤のプロセスを肯定的に評価し，自己効力感を育てることができます。とにかく，ここでは生徒が「主体的に学習に取り組む態度」を発揮・伸長させるきっかけとなる成功体験を積むこと自体にフォーカスしているわけですから，まさに大喜利的に，生徒の試行錯誤のプロセスを褒めることが大事になります。

同じリズムをひたすら繰り返したんだね，なるほど〜

なるほど，〇〇さんが演奏したリズムの特徴を他の人がうまく捉えて真似していったんだね

あえて盛り上げるところを作らずに一定の音量になるような演奏にしたの？　それもありだね〜

実は何でも褒めることができる

　ここまでの内容を総括しましょう。「主体的に学習に取り組む態度」を涵養するためには生徒に成功体験を積ませる必要がありますが，その成功体験は「容易な課題をクリアさせる」ものよりも，「工夫の余地のある活動をさせて試行錯誤のプロセスを褒める」ものの方が「主体的に学習に取り組む態度」の主旨に合っていると考えられます。音楽科の学習活動は，試行錯誤の余地がありそうに見えて実は決まりきった学習の軌跡が想定されていたりします。学習のプロセスにいかに余白をつくるかが鍵になるでしょう。

❷　学習方略に関する知識を与える

　さきほど，「工夫する余地のある活動を設定して試行錯誤させ，そのプロセスを評価することで成功体験を積ませることが重要だ」と指摘しましたが，生徒が試行錯誤の方法について全く無知だった場合，「主体的に学習に取り組む態度」が発揮・伸長される可能性は低くなります。全ての生徒が楽観的にがむしゃらな試行錯誤をすることができればそれはそれで「粘り強く学習しようとする側面」を評価することも可能でしょうが，現実問題としては「試行錯誤の方略」を生徒に提示する準備をしておいた方がよいでしょう。つまり学習方略に関する知識をある程度事前に提示しておくことは「主体的に学習に取り組む態度」を涵養する上で効果的であるとも言えます。

　例えば，4小節のフレーズを演奏するような課題があった時，いきなり通して演奏することは難しいでしょう。その時「通し練習ばかりするのではなく難しい部分を取り出して繰り返し練習する」というのは効果的な学習方略です。この練習方法は，クラシック音楽を長く勉強してきた人にとってはあまりに一般的なものですので，この本の読者は「何を当たり前のことを」と思われたかもしれません。**しかし，実は自分ができていない部分を把握した上で「テンポを落として練習をする」，という選択をできる初学者はむしろ少ないといっていいでしょう。**

筆者は教員養成課程に所属する大学生にピアノを教えているので，ピアノ未経験者から過去に数年ほど習ったことがあるくらいまでのいわゆる初学者を相手にピアノのレッスンをすることがよくあります。そして，彼ら彼女らを個人レッスンしながら筆者が最もよく発する指導言は「ここの部分だけを取り出してゆっくり弾いてみて」です。「主体的に学習に取り組む態度」が十分に身に付いている学生は，自分の演奏のどこがまずいのかメタ認知した上で，できない部分を取り出してゆっくりと練習します。しかし，なかなか上達しない学生は，インテンポで最初から最後まで演奏しようとします。部分を取り出してゆっくり練習する姿は，「主体的に学習に取り組む態度」がまさに発揮されている場面だと言えるでしょう。したがって，教師は個人練習の前に「難しい部分を見つけたらそこだけ取り出してゆっくり練習してね」のように，具体的な学習方略を提示しておくことが望ましいといえます。

　あるいは，課題をより細かく分割する，というのも効果的な学習方略です。例えば，旋律に言葉を当てはめるのが難しい合唱曲等で音取りをする際，音高を無視して歌詞をリズム読みする練習をやることがありますよね。あれはまさに，特定のメロディーを歌うという課題から「歌詞にリズムをつけて唱える」という課題を抽出しているのです。歌詞付きでメロディを歌うという上位の目標に対して橋渡しとなる下位の目標をつくり出した，という言い方もできるかもしれません。このあたりは，生徒が自ら思いつくことはなさそうですから，効果的な練習方法として事前に教師が提示しておく必要があるでしょう。

　また，「先生や友人に支援を求める」といういわゆる援助要請も，より一般的な学習方略として子どもに提示するのがよいでしょう。もちろん，既に「主体的に学習に取り組む態度」が十分に身に付いていて，「ゆっくり練習する」のような学習方略を自ら選択する生徒もいるでしょうから，援助要請をすればするほど「主体的に学習に取り組む態度」の評価が高くなるようなことはありません。しかし，例えば自分の演奏のどこが上手くいっていないのか自分では判断できない生徒は，具体的な学習方略を選択したり効果的に使いこなしたりすることが難しくなってしまいます。その場合，生徒が先生にフィードバックを貰いにいくというごく初歩的な学習方略は，その後の学習方略の運用をより豊かにしてくれる可能性があります。

　この際，教師からのフィードバックの方法を少し工夫することで，生徒の「主体的に学習に取り組む態度」をより発展させることができます。例えば生徒が「上手く演奏できていないのはわかってるけどなぜ上手くいっていないのかわからない」と質問に来たとします。その場合，教師が「君はこのフレーズのこの部分が上手く吹けてないみたいだね，じゃ今この場でここだけ取り出してゆっくり演奏してみよう」というように，手早く解決策を提示して目の前でトレーニングさせると，とても効率よく技能を習得させることができるでしょう。しかし，「主体的に学習に取り組む態度」は，生徒が自らをモニタリングしながら学習方略を試すそのプロセスによって育まれます。問題点をメタ認知する部分に難がある生徒でも，問題箇所さえわかれば適切な学習方略を選択する経験を積ませることはできるかもしれません。したがって，例え

ばですが「君はこのフレーズのこの部分が上手く吹けてないみたいだね，もっと具体的に言えば，ここのドからソに移り変わる部分で音が裏返ってるから変に聴こえるんだと思う。この問題を解決するためにはどんな練習をしたらいいと思う？」のように，**問題箇所を特定するフェイズに関して的確に支援した上で，問題解決をするための学習方略に関しては生徒に選択させるような発問**をすれば，「主体的に学習に取り組む態度」の育成にフォーカスした指導になるでしょう。ただし，繰り返しになりますが，これは生徒が学習方略についての知識を持っていることが前提です。教師は練習方法について生徒が自覚的になれるような指導を日常的にすべきでしょう。この点に関してはこの後の「❸自律的な学習の時間確保する」でより詳しく解説します。

　他にも，学習方略にはたくさんの種類が存在します。例えば，教科書に書かれている情報をノートに整理するとか，暗記のために繰り返して読み上げるとか，何度も書くとか，友人に説明することで自分の理解を確認するとか，一般的に我々が有効だと考えるような学習方法はだいたいにおいて効果的な学習方略と呼べることが多いようです。とにかく，学習方法や練習方法に関する知識を普段の授業で提供しておくことが重要です。

❸　自律的な学習の時間を確保する

　これまでにも確認してきたように，「主体的に学習に取り組む態度」とは「自らをモニタリングしながら学びを継続させる力」です。自分で自分を評価しながら，適切な学習方略を選択するプロセスこそが生徒の「主体的に学習に取り組む態度」を育てます。しかし，本書の主旨と矛盾するようですが，「主体的に学習に取り組む態度」が依拠する「自らの学びを調整しようとする力」は「学校のふだんの授業から直接形成されることはほとんどない」[9]とも言われています。「主体的に学習に取り組む態度」で評価しようとする「学びに向かう力」は，授業で育たい資質・能力であるからこそ，その指導の効果をチェックするために評価するのですが，授業で育てることができないとなると，そもそも評価をする意味さえ揺らいでしまいます。

　なぜ，「自らの学習を調整する力」は通常の授業で育成することが難しいのでしょうか。それは端的にいって，音楽科の授業が主に採用する一斉教授においては生徒一人ひとりが自律的に学ぶ機会がほとんど保証されていないからです。クラス全体を教師が統率し，学習方略を固定してしまうような指導の場面では，「主体的に学習に取り組む態度」の成長はあまり期待できないことになります。最近現場の先生方とお話していた時に，「教師の職人的スキル」の話題になりました。職人的スキルを持った優れた教師は，生徒の「知識・技能」や「思考力・判断力・表現力」をあっという間に育ててしまいます。研究授業等で外部の教師が観察しても何が起きているのかわからないくらいです。職人的教師は，多くの生徒に共通する技術的問題点を即座に発見しそれを解決するための方策を瞬時に提示します。「高い声が出ていないな」と思ったら高い声を出しやすくなるメソッドを即座に提供し，一斉教授の中で技能を育ててしま

いますし、「鑑賞曲の構造に注目できていないな」と思ったら適切な声掛けをします。「知識・技能」や「思考力・判断力・表現力」を育てることだけを考えるのであれば、そのような授業は理想的ですし、そのような職人的技術こそが教師の専門性だとも言えるでしょう。

　しかし、そのようなプロセスを経ていわば無自覚的に「知識・技能」や「思考力・判断力・表現力」を身に付けた生徒たちは、卒業後「自ら学ぶ」ことができるでしょうか。「学びに向かう力」が資質・能力として強調される背景には、変化の速い現代社会において人は学校卒業後も学び続ける必要がある、という事実があります。そして、生徒たちが学校を卒業した後に直面する実際の社会には、職人的なスキルでいつの間にか「知識・技能」を身に付けさせてくれる教師は存在しません。社会人としてスキルアップしようと勉強をして躓いたとしても、「今までの勉強法はここがまずかったみたいだね、代わりにこの勉強を試してみたらいいんじゃない？」とアドバイスしてくれる人はいないわけです。ありきたりな言葉ですが、生徒は学校で「学び方を学ぶ」必要がある、と言えるでしょう。

　それでは学び方を学ばせるためには、教師はどのように振る舞えばよいのでしょうか。そのヒントが「自律的な学習の時間」を生徒に与える、という考え方にあります。先述したように、「知識・技能」や「思考力・判断力・表現力」という資質・能力を身に付けさせる上では教師が介入した方が効率がよい場合が多いでしょう。しかし、教師が手取り足取り教えすぎてしまうと、生徒は自分自身の学びをメタに捉えることができなくなってしまいます。したがって、「主体的に学習に取り組む態度」を効果的に育成するためには、教師から見ると少々もどかしかったとしても、学習プロセスをある程度生徒に任せてしまった方が有効な場合もある、ということです。

　ここでも具体例を挙げながら考えてみましょう。先述の例と似た話になりますが、リコーダーで特定の旋律を演奏する技能を身に付けさせる場面を想定してみましょう。運指を教え、特定の旋律をクラス全体でゆっくり演奏させます。そして先生が、「低いソの音がきれいに出ていないみたいだね、音を出さず運指だけ確認してみよう」といって運指の練習をさせたとしましょう。結果的に低いソを上手く吹けなかった生徒は吹けるようになりました。このような指導はこの授業で身に付けさせたかった「技能」が身に付いたという意味ではとても良い授業だと言えますが、「主体的に学習に取り組む態度」を育てる上ではもう少し回り道が必要になりそうです。

　効率的な技能の習得を一旦無視して「主体的に学習に取り組む態度」の涵養を優先するのであれば、リコーダーの構え方や基本的な運指に関する知識を教えた後、生徒自身が自律的に学習できるような個人練習の時間を設けた方がよいでしょう。その上で、机間巡視しながら個別の生徒の様子をモニタリングします。その上で、生徒自身が新たな課題に直面しながらも難しい箇所を自覚し、適切な学習方略を選択しているのであれば、そのまま生徒の自律的な学習を見守るのがよいでしょう。まさに「主体的に学習に取り組む態度」が発揮・伸長されている場

面です。しかし，そのように適切な学習プロセスを辿れる生徒ばかりではありません。その場合，教師はどのように介入していけばよいのでしょうか。

「主体的に学習に取り組む態度」の育成は非常にローカルな単位でおこなわれるので，介入方法に絶対的な正解はないのですが，例えばまずは「どこを難しいと感じてる？」等の声掛けをして，生徒が自身の学びの状況をメタ認知できているかどうか確認するというのはどうでしょうか？　その上で，生徒が問題箇所を認識できているのだとしたら，次は「どんな練習をしたらそこを上手く演奏できそう？」と問いかけます。問題箇所を認識できていなかったとしても，適切な学習方略を選択することは可能かもしれないからです。そして生徒がその学習方略を試した後，教師から「どう？　さっきより上手く演奏できるようになった？」と確認することで，生徒が学習方略の効果を確認する作業を支援します。生徒の学びのプロセスにおける自律的な意思決定の割合がなるべく最大化されるよう，発問のフローチャートをイメージしながら関与してくことが求められます。

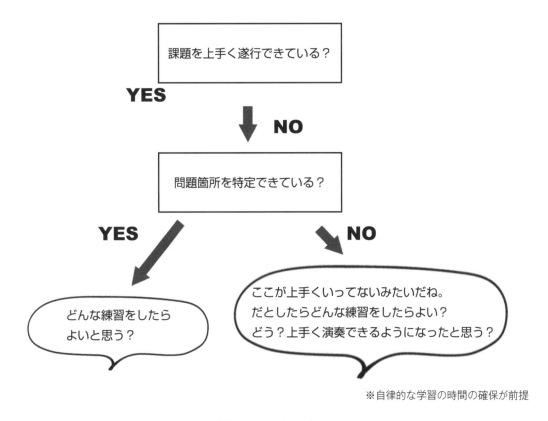

発問のフローチャート

以上が自律的な学習の時間において教師が介入する際の基本的な考え方です。ただしこれは理想論です。これまで教師に手取り足取り教えてもらっていた生徒に対していきなり自律的な学習の時間を提供しても，混乱してしまう可能性は非常に高いと思われます。職人的な教師のもとで能力を獲得できていた生徒も，突然自律的な学びの場に放り出されれば上手く技能を獲得できない可能性があります。その場合もまずは前ページのフローチャートを意識しつつ教師自身が粘り強く指導するのが望ましいとは思いますが，なかなか改善が見られず生徒が「自分には才能がないからできなんだ」という態度を示し始めたら注意が必要です。本書でも度々触れていますが，できない理由を才能のような「現時点で自分にはコントロールできない要素」に帰属させるのは「主体的に学習に取り組む態度」の涵養において良くない傾向です。いわゆる学習性無力感に陥っていると言えるでしょう。このような時，教師はどう対応すればよいのでしょうか。

　できない理由を自分の先天的才能に帰属させる生徒の背景にあるのは「知能＝固定的な能力」だとする知識観です[10]。「このタイプの課題は先天的に自分には向いていない」と信じれば信じるほど，学びへの意欲が削がれていきます。一方，その対極にあるのが，「知能＝可変的な能力」だとする知識観です。このような生徒は，「できないのは練習が不足してるからだ（先天的な才能の有無に関わらず練習すればできるようになるはずだ）」と考えます。そして前者のような知識観を持っている生徒を後者のようなマインドに移行させるには，シンプルに「知識や技能は学習によって変化する」という事実を伝えるのが効果的とされています[11]。もちろん，先天的な得意・不得意はある程度あるでしょうし，学習量と上達量の関係性により生まれる比例定数は人によって全く異なることも事実でしょう。しかし，「適切な学習をすれば，程度の差はあれど多少は上達はする」というのも事実です。そして，「知識・技能」や「思考力・判断力・表現力」とは異なり，「主体的に学習に取り組む態度」は上達の幅それ自体を評価しません。**「主体的に学習に取り組む態度」は「どれだけ技能が上達しているか」ではなく「技能が上達しそうな学びのプロセスを経過しているか」を評価します。**したがって，音楽科の授業で取り組む課題に対して苦手意識を持っている生徒は「知識・技能」に関してはその苦手意識通りの低いパフォーマスにとどまるのかもしれませんが，「主体的に学習に取り組む態度」に関しては他の生徒にも劣らず高いパフォーマンスを発揮する可能性があります。端的に言えば，「主体的に学習に取り組む態度」は，歌が上手であることや五線譜が読めることとはある種無関係に発揮・伸長される資質・能力であり，そのような評価がなされるべき観点である，ということです。

　その意味で，学習性無力感に陥っている生徒を学びに向かわせるには，「主体的に学習に取り組む態度」や「学びに向かう力」について解説するのが一番効果的かもしれません。生徒に「主体的に学習に取り組む態度」の概要を説明した上で「演奏が最終的に上手くならなくても，適切に学べば『主体的に学習に取り組む態度』が身に付く可能性は十分にあるよ」という話を

すれば，学習性無力感を解消できる可能性はあるでしょう。そのためにも，教師自身が「主体的に学習に取り組む態度」についてきちんと理解しておく必要があります。

　以上が，「主体的に学習に取り組む態度」を育成する際の基本的な考え方です。今一度整理すれば，①自己効力感を育てるための成功体験を意図的にデザインし，②学習方略に関する知識を教え，③自律的な学習の時間を子どもに提供する，というものでした。子どもの主体的な学びの重要性は多くのところで指摘されていますが，だからといって子どもを放置すればすなわち主体的に学べるわけではありません。現場の先生方とお話していると，「主体性を重視するあまり，生徒に指示すらしてはいけないような風潮がある」というような声を聞いたことがあります。しかし，教科教育の中で「主体的に学習に取り組む態度」を育てる上で，教師の介入は必須だと言えます。特にそれまで主体的に学習に取り組んでこなかった生徒たち，つまり職人的教師に育てられてきた生徒たちに「主体的に学習に取り組む態度」を身に付けさせようとするのであれば，教師の介入の重要性はますます高くなるでしょう。ただし，介入の実態を「学習を管理する」から「自律的に学習するための方法と時間と成功体験を提供する」へとシフトさせる必要があると言えます。

　また，同じく先生方からの声として「授業の目標を子どもの口から引き出さないといけないと言われて試みているが，それに時間がかかって授業が進まない」といった悩みも聞いたことがありますが，これもここまでの話を総括するとあまり意味のない営みであることがわかります。**「主体的に学習に取り組む態度」を育てる上で重要なのは，子どもが自身の学習の目標設定に積極的に関与することであって，教師が決めた目標を子どもに言い当てさせることではありません。**教師が決めた目標を言い当てるのに必要なのは忖度する力であって「主体的に学習に取り組む態度」ではありません。目標を生徒から引き出すことに時間をかけるくらいなら，やや難しいと思われる課題を提示して生徒自身に目標を階層化させたり，複数の課題の中から自分が取り組めそうなものを選択させたりした方が「主体的に学習に取り組む態度」の発揮・伸長には効果的でしょう。

　学校教育の文脈で語られる生徒の「主体性」が全て「主体的に学習に取り組む態度」につながるわけではありません。しかし，「主体的に学習に取り組む態度」についての理解を深めることで「主体性」の概念の解像度を高めることは確かに可能です。「主体性」というそもそも曖昧な概念を教師自身がクリアに説明できるようになることが，生徒の「主体性」を引き出すための第一歩となるでしょう。

1 自己決定理論とは何か

　これまでに，「主体的に学習に取り組む態度」を育成するための視点について論じてきました。ここまでの筆者の論述は，実体験からくる経験則に依拠しながらも要所では心理学的な知見を参照しています。学習評価において，なぜ心理学的な知見を鑑みる必要があるのでしょうか。

　「主体的に学習に取り組む態度」が①「知識・技能」や「思考力・判断力・表現力」の獲得に向けて粘り強く取り組む力と②自らの学習を調整しようとする力の2つで構成されることはこれまでに指摘したとおりです。そして，②自らの学習を調整しようとする力については，心理学的な知見を踏まえなければ実はほとんど理解できません。中央教育審議会が発行している「児童生徒の学習評価の在り方について（報告）」には，「主体的に学習に取り組む態度」の評価について，下記のような文章が掲載されています[12]。

> 　ここで評価の対象とする学習の調整に関する態度は必ずしも，その学習の調整が「適切に行われているか」を判断するものではなく，それが各教科等における知識及び技能の習得や，思考力，判断力，表現力等の育成に結び付いていない場合には，それらの資質・能力の育成に向けて児童生徒が適切に学習を調整することができるよう，その実態に応じて教師が学習の進め方を適切に指導するなどの対応が求められる。その際，前述したような学習に関する自己調整にかかわるスキルなど，心理学や教育学等における学問的知見を活用することも有効である。

　以上の文章にある，「学習に関する自己調整に関わるスキルなど，心理学や教育学等における学問的知見」の中でも特に教科教育と関わりが深いと考えられるのが，自己決定理論と自己調整学習です。ここでは，まずは自己決定理論について簡単に説明してみます。

　何かを学習しようとする時，学習者の動機のあり方が学習効率や成果に影響を与える，ということは肌感覚として理解できるでしょう。器楽の技術習得の場面において，「楽器を触るのが楽しくて仕方がない」という場合，「自分にとって大事だからちょっときついけど練習する」という場合，そして「練習しないと怒られるからいやいや練習する」という場合では，学びの質が変わりうることはなんとなく想像がつきます。以上のような実践知を，実証研究を通して明らかにしようとしたのが自己決定理論（self-determination theory）です。

楽器を触るのが
楽しくて仕方ない

課題だから
練習せざるを得ない

練習しないと怒られるから
練習するしかない

同じ練習でも学びの質が変わってくる

　自己決定理論の根底にあるのは内発的動機（intrinsic motivation）と外発的動機（extrinsic motivation）の区別です。内発的動機とは，「行為から分離可能な結果ではなく行為自体に内在する満足感のために行動する際の動機」[13]と定義されます。「分離可能な結果（separable consequence）」とは，例えばその行為の結果として得られる報酬や賞賛等のことです。したがって，内発的動機とは「報酬を貰えるかどうか，自分にとって何かいいことがあるかどうかに関わらず，その行為をやりたいと思うような動機」のことです。例えば「楽器を触るのが楽しいから練習している」状態は，内発的動機を伴う行為であると言えるでしょう。言うまでもなく，内発的動機は学習に向かう動機として非常に重要です。楽器を始めたばかりの頃は，多くの人が内発的動機を持って演奏技術の習得に臨むでしょう。あるいは，趣味でゲームに熱中している人は，内発的動機を持ってプレイしていることになります。内発的動機さえあれば効果的・効率的な学習が約束されるわけではない点には注意が必要ですが，学習に向かう際の望ましい動機の一つであることは疑いようがありません。

　しかし，実社会における人間の行為に内発的動機が内在していることはどちらかといえば少ないと言えるでしょう。つまらない事務作業，部屋の掃除，食器の洗浄等，多くの人が日々経験している行為は，「それ自体が楽しいからやっている」わけではありません。逆に言えば，**我々はその行為自体に楽しさを感じていなくても行動を起こすことができるのです。**その際の動機のことを外発的動機と呼びます。外発的動機は「分離可能な成果を獲得する目的で行動するための動機」[14]と定義されます。外発的動機における「分離可能な成果」には，報酬や賞賛といったポジティブなもののみならず，避難や罰を避けるという回避欲求も含まれます。つまらない事務作業をするのは賃金がもらえるからであり，部屋の掃除をするのは友人に不潔だと思われたくないからであり，食器を洗浄するのは次の食事をとりたいからです。音楽科で例えば，「リコーダーの練習を頑張ってテストで良いパフォーマンスをすれば成績が上がるよ」という教師の発言は，「良い成績を取りたい」という欲求あるいは「悪い成績を取って親に怒ら

れたくない」という欲求に注目して生徒に外発的動機を与え，リコーダーの練習という行為に向かわせようとしていることになります。

内発的動機と外発的動機

　このような動機づけに関する一般論は，多くの読者も既に知識として持っているものでしょう。多くの先生方は，「生徒が学習に対して内発的動機を持っていてくれていれば授業がやりやすいことはわかっているし，外的な報酬をちらつかせて生徒をコントロールすることにも違和感を覚えている」という状態だと推察されます。しかし，内発的動機はこちらが提供するものではなく生徒自身が学習内容に対して自発的に持つものです（先述したように，内発的動機の喚起を支援するような授業は可能だと筆者は考えています）。内発的動機と外発的動機の区別を理解したところで，教師にできることは音楽学習の面白さが際立つような授業を工夫することのみです。動機づけの一般論は，「生徒に内発的動機が生じないかなぁ」と祈る以外の具体的な対策を提供してくれていなかったのです。
　自己決定理論は，そのような問題を解決しうるものです。**自己決定理論が示唆深いのは，このような内発的動機と外発的動機の対立構造を融解させ，両者を有機的に接続しようとした点です。**自己決定理論では，外発的動機づけ，内発的動機づけの区分に無動機づけの状態を加えた上で，外発的動機づけを4種類に分類し，自律性の低いものから高いものへと接続する可能性が論じられています[15, 16]。

統制の スタイル	無動機 づけ	外発的 動機づけ				内発的 動機づけ
		下位分類				
		外的調整	取り入れ 的調整	同一化 的調整	統合的 調整	
行動要因の 所在	なし	外的	やや外的	やや外的	内的	内的

Ryan, R. M., & Deci, E. L. (2000). "Intrinsic and extrinsic motivations: Classic definitions and new directions". Contemporary Educational Psychology, 25, p.61をもとに筆者作成

動機の種類

　上の図は，無動機づけの状態と内発的動機づけの状態を両極に，「行動の動機が自己の内側から生じている程度」に準じて，直線上並べたものです。最も左に位置する無動機づけ（amotivation）とは，文字通り動機がない状態です。自律性や自己効力感が伴わないので，学習に向かうことすらできていない。生徒の具体的な姿として描写するのであれば「やる気がなく学習活動に参加していない」状態です。

　無動機づけの右隣にあるのが外的調整（external regulation）です。外的調整が起きている生徒の姿を簡潔に描写すれば「先生にやれと指示されたから学習に向かっている」状態と言えるでしょう。学習に至る直接的な動機を教師からの指示という外部からの統制に依存しており，生徒が自ら主体的に学んでいる状態とは程遠い。なんとか学習に向かってはいるが，学習の動機が限りなく外からもたらされており，学習効率も悪い。学習という行動を起こす際の「自己決定性」が限りなく低い状態です。

　2つ目の外発的動機づけは，取り入れ的調整（introjected regulation）と呼ばれます。取り入れ的調整を簡潔に説明するならば「テストで悪い点を取ると恥ずかしいから仕方なく学習に向かう」状態です。外的調整との大きな違いは，教師からの指示という外的統制がなくても行動が開始される点です。学習内容自体に興味を持っているわけではありませんが，自尊心を守るために自ら学習に向かっている点で，やや自己決定性があります。動機が完全に外からもたらされていた外的調整よりは主体的に学習に臨んでいると言えるでしょう。取り入れ的調整に

おいては，「テストで良い点を取るのは良いことだ」「勉強するのは良いことだ」という教師や保護者からの期待を自らの内側に取り入れることによって，動機の一部を内在化させているのです。

　3つ目の外発的動機づけは同一化的調整（identified regulation）と呼ばれます。同一化的調整については「自分にとって大事だから葛藤しつつも学習に向かう」状態であると説明できます。例えば，社会科で「日本の税率」について学ぶ場合，その学習内容自体に興味は持てなくても「日本の税率について知っておくことは自分にとって大切だ」と思えることもあるでしょう。自分の人生やキャリア形成の役に立つような学習内容を取り扱う場合にはこのような調整が起きやすいと言えるかもしれません。学習者が個人の意思に基づいて学習に向かっている点で，取り入れ的調整よりも自己決定性の高い動機であると言えます。ただし，自分にとっての重要性を認めながらも，その学習を始める際に葛藤はあります。学習自体を内発的に「やりたい」と思っているわけではないので「めんどくさいなぁ」とか「やりたくないなぁ」という思いがないわけではありません。いずれにせよ，外発的ではありながら動機づけとしては比較的自己決定性が高いのが同一化的調整です。

　4つ目の外発的動機づけは統合的調整（integrated regulation）です。統合的調整は最も内発的動機づけに近く，「自分にとって大事だから納得して学習に向かう」状態と説明できます。同一化的調整と異なり，統合的調整が生じている学習者には葛藤がありません。その学習が将来自分のためになる，と深く納得できているので，「めんどくさい」などと思わず直ちに学習に向かうことができます。外発的動機づけの中では最も自律的で自己決定性が高いと言えるでしょう。一方で，学習内容自体に面白さを感じているわけではない，という点が内発的動機とは異なります。学習をした結果得られる「分離可能な成果」，例えば就職に役に立つ等のメリットがあるからこそ学習に向かっているという意味で，統合的調整も外発的動機であることに変わりはありません。言い換えれば，一旦就職してしまうか，就職に必要ないことがわかった時点でその学習をすることはなくなるでしょう。統合的調整は，外的な報酬を限りなく内面化させることで自己矛盾なく学習に向かうことができている状態です。

無動機づけ	外発的動機づけ				内発的動機づけ
	外的調整	取り入れ的調整	同一化的調整	統合的調整	
やる気がなく学習活動に参加していない	先生に指示されたから学習する	恥をかきたくないから学習する	自分にとって重要だから葛藤しつつも学習する	自分にとって重要だから納得して学習する	その行為自体をやりたいから学習する

各動機づけと具体的な生徒の姿

　そして最も自律性の高い動機づけが右端にある内発的動機づけの状態です。これは「学習すること自体が楽しいから学習に向かっている」状態だと説明できます。学習を開始する際にも外部からの統制に頼る必要がなく，学習を継続することも容易なため，最も自律的な動機づけであると言えます。統合的調整との違いはまさにこの自律性の度合いです。統合的調整は外的な報酬がなくなった段階で動機も失われます。「高校３年生の時の吹奏楽コンクールで金賞を取ること」が目標だった生徒は，コンクール前は自己矛盾なく熱心に練習をしたでしょうが，高校を卒業した後に楽器の練習を継続することはないでしょう。しかし，「楽器を演奏するのが楽しい」という内発的動機に根ざした練習の場合，学習行為自体が動機であるため，学び続けることが可能です。まさに，生涯にわたって学び続けることを可能にするのが内発的動機づけである，とも言えるでしょう。

　ここまでが自己決定理論を支える基本的な知識です。これらの類型を把握しておけば，生徒の様子を見て，「この子は取り入れ的調整をしながら自分を動機づけて学習に向かっているな」「この子は内発的動機を持って歌っているな」等，生徒の動機のあり方をラベリングすることができます。
　ここで問題になるのが，「どうすれば生徒を自律性の高い自己動機づけに導くことができるのか」という点でしょう。生徒には「先生がやれっていうからリコーダー練習するか」という

外的調整よりも「リコーダーの練習は自分にとって重要だから練習するか」という同一化的調整で練習に臨んで欲しいし，どうせなら「リコーダーを演奏するのが楽しいから練習したい」という内発的動機を持たせたい。内発的動機づけは，成績等の外的報酬を目的とする外発的動機づけより学習の様々な側面を深化させることが研究によって示されています[17]。また，「主体的に学習に取り組む態度」で評価する「学びに向かう力，人間性」の本来的な主旨は，生涯にわたって学び続ける人を育てることでした。子どもには，短期的な外的報酬の有無に関わらず，様々な情報に対して自律性の高い動機で学んでほしいものです。では，どうすれば子どもの動機の自律性を高め，内発的動機づけに近づけることができるのでしょうか。

　自己決定理論においては，最も自律性のない無動機づけの状態から最も自律性の高い内発的動機づけに動機が推移することを内在化（internalization）と呼びますが，その内在化を促進させるためには人間の基本的心理欲求（Basic Phycological Needs）を満たす必要があるとされます[18]。その基本的心理欲求とは「有能性（competent）への欲求」，「関係性（relatedness）への欲求」，「自律性（autonomy）への欲求」です[19]。それぞれ簡単に説明すると「有能性への欲求」とは，有能でありたい，自身の能力を高めたい，というものです。「関係性への欲求」とは他者との間につながりを持ちたい，というものです。そして「自律性への欲求」とは，自分の行動の決定権は自分でありたい，という欲求です。中でも特に自己決定理論の中で重視されているのが「自律性への欲求」です。教師が自律性を支援することができれば，学習内容に対する内発的動機づけが増加することが研究により示唆されています[20]。具体的には，オープンエンドな発問をしたり，教師が意図的に間違えて子どもに指摘させたりする行為は子どもの自律性への欲求を満たすとされています[21]。要するに，**学びの主導権を子どもに明け渡す勇気が必要になるということです**。逆に，生徒の「自律性への欲求」を阻害するような指導をするのは避けた方がよいでしょう。例えば生徒が「もっとこんな練習をしたほうが上手く歌えそうだ」のように練習方法を提案してきたとしたら，その練習に効果がなさそうだからといって直ちに却下するのは「自律性への欲求」を阻害します。生徒の動機づけの自律性を高め，「主体的に学習に取り組む態度」を涵養しようとするのであれば，非効果的だったとしても生徒の提案を採用してみるのも有効かもしれません。

　以上が自己決定理論の概要です。ごく簡単に整理すると，自己決定理論とは，学習者の動機を無動機づけ，外発的動機づけ，内発的動機づけに分類した上で，さらに外発的動機づけに4つのカテゴリを設けて自己決定性の高さに注目して直線上に並べたものでした。そして，生徒の「自律性への欲求」を満たすことでより自己決定性の高い動機づけ，すなわち内発的動機づけに近づけることができる，というものです。生徒の動機づけの状態を見極めることは，「主体的に学習に取り組む態度」を育み評価する上で非常に重要になってきます。自己決定理論の知見を是非ご参照ください。

2　外発的動機づけと音楽科は相性が悪い

　自己決定理論の概要を把握した上で，その知見を音楽科の授業に援用してみましょう。まずは，音楽科と外発的動機づけの関係性について考察してみます。

　生徒が音楽科の授業で展開される音楽活動に初めから内発的動機を持っていればこれ以上望ましいことはありません。「今日はベートーヴェンの交響曲を音楽の構造に注目しながら聴くよ」と言って生徒が「うわー最高！　ベートーヴェンの交響曲の構造，面白そう！　聴きたい！」となってくれれば教師としてはとても嬉しいですよね。筆者の経験では，体育の授業でサッカーやバスケットをする時には多くの生徒にしばしばこういう状況が生じていました。しかし，音楽科においてはそうならないことも多々ありうるでしょう。その場合，長期的に考えれば，自己決定理論が規定するところの基本的心理欲求，すなわち，有能性，関係性，自律性への欲求を満たすような学習環境を整備することが重要になります。特に自律性を支援することの有用性については先述した通りです。生徒が学習活動それ自体に内発的動機を持てるよう長期的に指導を改善していければ理想的だと言えます。

　しかし多くの現場の先生方はもっと切迫した危機意識をお持ちなのではないかと思います。全く歌わない生徒，リコーダーを組み立てようともしない生徒，鑑賞曲を再生した途端に机に突っ伏して寝る生徒，いろんな生徒がいることでしょう。動機づけの段階に当てはめて考えれば，最も自己決定性の低い無動機づけの状態です。そのような生徒に対して，せめて外的調整や取り入れ的調整をさせる方法はないのか，という発想を持つことは悪いことではありません。外的調整や取り入れ的調整は自己決定性の低い動機づけではありますが，無動機づけで全く学習しようとしない状態よりはいくらかマシです。

　しかし，音楽科の場合，外発的動機づけに頼る指導は「主体的に学習に取り組む態度」の涵養という観点から見れば他教科と比較するとあまり効果的ではないことが推察されます。例えば，生徒が無動機づけの状態で音楽活動に参加しようとしない状況を想定してみましょう。この場合，無動機づけという最悪の事態を回避するために例えば教師は「リコーダーを練習しないと成績が悪くなるよ」という発言をするかもしれません。成績の悪さという負の報酬に言及し，それを回避することの重要性を訴求することで，外的調整もしくは取り入れ的調整が起きることを期待する指導言だと解釈できます。そのような指導言をきっかけに生徒の学習は改善されるでしょうか。

　もちろん教師の期待通りに外的調整もしくは取り入れ的調整が起きれば，生徒はリコーダーの技能獲得に向かう可能性はあるでしょう。しかし，音楽科はこの手の動機づけが他教科程はうまくいかないことも多いのです。なぜでしょうか。

　その理由は音楽科の成績という報酬が全ての生徒にとって価値あるものとして捉えられているとは限らないからです。五教科の成績には強い関心があっても，音楽科の成績には執着して

いない，という生徒は少なからず存在します。「音楽の成績くらい悪くてもいいや，五教科を頑張ればいいし」と思っている生徒に対して，「音楽の成績を落としたくなかったら練習しましょう」という発言はほとんど効果がないでしょう。あるいは，成績とは別に，音楽科で学ぶ内容が生徒自身のキャリアにおいて有効活用されるイメージが持てないが故に学習に意味を感じにくいという問題もあります。「音楽なんて役に立たないんだから勉強しなくてもいいじゃん」という態度です。いずれにせよ，音楽科は多くの生徒に学ぶ意義，すなわち課題価値を感じさせづらいという問題があるのです。

　外発的動機づけに頼る指導は結局のところ課題価値に訴求することになります。「これを学ぶとこんな良いことがあるよ」「これを学ばないとこんな不利益があるよ」という指導です。しかし，**教師が提示する「音楽を学ぶと後から起こり得る良いこと」が生徒にとってリアルに価値あるものとして受け取られない限り，その訴求の効果は薄くなります。**例えば，クラシック音楽の教材に対して興味を示さない生徒に対し，「クラシック音楽の名曲は普遍的だから，この曲を知ってると世界中の人々とコミュニケーションが取れるよ」という指導をすると仮定します。しかし，生徒は「世界中の人とは自分の好きなアニメを通してコミュニケーションを取れるんだから，興味のないクラシック音楽を学ぶ必要性を感じないな」と思うかもしれません。あるいは，「クラシックの曲よりSNSで流行ってる洋楽の方が世界中で聴かれているのだから，ジャスティン・ビーバーやTWICEの曲を勉強した方が良いのでは？」と反論されると返す言葉がなくなってしまいます。または，「この曲は全人類が聴くべき名曲だから知っておきましょう」という指導をしても，なぜその曲がJ-popと比較して優れているのか客観的に証明することはできません（この美の相対性に関する話には第3章で触れます）。そして，このような生徒からのある意味真っ直ぐな疑問を有耶無耶にしてしまうと，生徒の「学びに向かう力」は霧散してしまうでしょう。

　生徒の動機づけをより自律性の高いものに移行させるためには，生徒に課題価値を感じさせることが重要です。しかし，「リコーダーの技能を身に付けることに意味がある」という課題価値を感じさせることは非常に難しいのが音楽科なのです。仮に生徒が「先生に言われたからやるか」という外的調整を起こし，一時的にリコーダーの運指について学んだとしましょう。そして，その過程で，目標を調整しながら適切な学習方略を選択し，自らの学びを省察していたとしましょう。その場合，「主体的に学習に取り組む態度」の2側面のうちの2つ目，すなわち自らの学びを調整しようとする側面は発揮・伸長されることになります。結果として，リコーダーの運指に関する技能はいくらか身に付くことが期待できそうです。しかし，統合的調整のような自律性の高い外発的動機づけ，もしくは内発的動機づけが起きるような段階に至らせるためには，その活動が自分にとって必要だ，と感じさせるか，もしくはその活動自体を楽しいと思わせるか，どちらかが必要条件になります。音楽科は，他教科のようにわかりやすく自身のキャリアにつながる科目ではありません。従来型の授業をしながら外的な報酬を提示し

たところで，生徒の動機づけの自律性はなかなか上がりそうにない，ということです。

　これは非常に難しい問題です。音楽科に限らず，教科教育は生徒の主体的な学びを尊重しようと長年試行錯誤してきました。そのような文脈でアクティブ・ラーニングが推奨されたり，グループワークを活用した授業が模索されたりしました。しかし，いくら生徒が大きな声で歌っていたとしても，あるいはたくさん挙手して発言していたとしても，それはすなわち自己決定性の高い動機を持っているとは限らないのです。究極的には生徒に課題価値を感じさせるか，もしくは活動自体に内発的動機を持たせるかしなければ，本質的な意味での「学びに向かう力」は身に付かないと言えるでしょう。では具体的にどのような授業や教科課程が望ましいのでしょうか。

　この問題については，簡単でインスタントな方法論はないと筆者自身は考えています。現代日本に生きる生徒に対して数百年前に異国の地で作られた楽曲の構造に課題価値を見出させようとする営み自体，相当にアクロバットです。我々が日本に住みながら和服に興味を持てないのと同根だと言えるでしょう。しかし，大人が音楽教育に対する考え方を抜本的にアップデードすることができれば，生徒が過去の音楽に対して課題価値を感じるような授業をすることは可能だと筆者は考えています。このことについては第3章で紙面を割いて説明させていただきたく思います。

3 「主体的に学習に取り組む態度」を支える諸理論②
自らの学びを調整する「自己調整学習」とは

1 自己調整学習とは何か

　自己決定理論とともに「主体的に学習に取り組む態度」の理論基盤を支える学習心理学の重要な知見が自己調整学習（Self-Regulated Learning）です。「自己調整学習」とは，ごく簡単に言えば，「自らの学習を動機づけ，維持し，効果的に行なうプロセス」[22]とされています。「学びに向かう力，人間性」を構成する力である「自らの学習を調整しようとする力」という聞きなれない文言は，この自己調整学習に由来するものであることが指摘されています[23]。ではなぜ今日の生徒には「自らの学習を調整」できることが求められるのでしょうか。

　現代において「これさえ知っておけば80年の余生を安心安全に全うできる」というような普遍的な知識を選定することは非常に難しいと言えるでしょう。なぜなら，必要とされる知識は時代に応じて圧倒的な速さで変化しているからです。これまで正解だとされていたことが，数年後には不正解になっている可能性さえあります。音楽について考えてみても，今日のポピュラー音楽シーンにおいては五線譜を用いずにDTMで楽曲制作をするのはごく当たり前になっています。五線譜に関する知識は，今日のポピュラー音楽創作全般を支える基礎的な力ではなくなっているようです。このような世界において必要なのは，柔軟なマインドと，自分を学びに向かわせる力でしょう。現代において，学習は学生の間にのみ生じる期間限定クエストではなくなりました。今日の私たちは，学校を卒業してからも継続して学び続ける必要があります。しかし，当然ながら，学ぶ内容全てに内発的動機を持てるわけではありません。そのためには，新たな問題に直面するたびに「自らの学習を動機づけ，効果的に継続させる」ことが重要になってきます。自己調整学習とは，そのような時代の要請に応える理論基盤であるとされています。

　自己調整学習には多くの研究の蓄積があり，それぞれに強調点が異なるので一言で説明することは難しいのですが，ここでは音楽科において「主体的に学習に取り組む態度」を育み評価する上で直接的に活用できそうな知見をピックアップしましょう。

　自己調整学習には3つの段階が存在します。それが「予見と計画の段階」「遂行モニタリングの段階」「遂行に対する内省の段階」です[24]。本書ではより簡潔に「予見段階」「遂行段階」「内省段階」と呼ぶことにします。効果的に自己調整できる学習者はこの3つの段階においてそれぞれに適切な対応をしていることになります。教師の視点に立てば，生徒たちの学習プロセスをこの3段階に当てはめて観察することで「主体的に学習に取り組む態度」における「自

らの学びを調整しようとする力」を評価することができるし，評価が低くなりそうな生徒に対しては，この3段階のどこに問題があるのか見極めた上で適切な支援をする必要がある，ということです。以下に，具体例を示しながらそれぞれ簡潔に解説していきましょう。

予見と計画の段階　　→　　遂行モニタリングの段階　　→　　遂行に対する内省の段階

3つの段階

▶▶▶　予見と計画の段階（予見段階）

「予見段階」において，学習者は自ら適切に目標や学習計画を立てることが重要になります。自己調整学習においては，目標を自ら立てることが許される状況と，目標の設定に関与できない状況とでは，前者の方が望ましいとされています。例えば特定の教材の演奏技能を獲得させる授業であった場合でも，簡易版と高難易度版の2種類から選択することができた方が望ましいと言えるでしょう。あるいは，一つの版しか用いない場合でも，「楽譜通りにできるようになる」という目標を全員に一律に課すよりも，「この楽譜を使って自分なりに表現を工夫しよう」のような余白のある課題にすることで，「自分なりに表現するには〇〇の技術が必要なのでそれをできるようにする」のような具体的目標を生徒自身に設定させることができます。目標設定に関与し，適切な練習方法を選択し，結果がついて来れば，「自分はやればできるんだ」という自己効力感を得ることができ，その自己効力感が次の学習の動機を支えることになります[25]。そのためにも，「予見段階」において生徒自身が目標設定に関われるような授業構造にする必要があります。

また，中長期的な目標を短期的な下位目標に変換させることも重要です。例えば先に言及したAさんの事例では「《ストラトキャスター・シーサイド》を完全にコピーする」という当初の目標は，「基礎練習フレーズを演奏できるようになる」という低い階層の目標へと調整されていました。もしAさんが目標の調整をせずに，すぐに《ストラトキャスター・シーサイド》

の練習を始めていたら，早い段階で挫折を経験し，結果的に学習を継続させることはできなかった可能性もあります。中長期的な目標をイメージした上で，目標を階層化させることがこの段階においては重要になります。

　Aさんは《ストラトキャスター・シーサイド》を演奏するための技能獲得に内発的な興味を持っていました。すなわち，「ベースを練習する」という学習活動に価値を感じているのです。この価値に対する意識は，Aさんのような「やりたい」という内発的興味に基づくものから，「やったほうが望ましい」「自分の将来にとって取り組むべき課題だ」のような外発的動機づけによるものまで様々ですが，いずれにせよ，学習活動に対する価値意識は「主体的に学習に取り組む態度」を育てるために非常に重要になります。このことは前章の「自己決定理論」においてもより詳しく説明しました。言うまでもありませんが，「主体的に学習に取り組む態度」は，内発的・外発的問わず，まずは学習者が課題に対して価値を感じなければ発揮されません。自己調整学習研究において最も重要な研究者の一人であるジマーマンは下記のように指摘しています[26]。

　予見の段階で，もし自分が取り組んでいる課題に対して児童や生徒が価値を見いださなければ，彼らは課題をやり遂げるための明確な目標を設定しないだろうし，そのために必要な方略を計画することもしないだろう。

　これは音楽科において「主体的に学習に取り組む態度」を育て評価しようとする際の重要な課題です。予見段階でこれから学習する内容に生徒が課題価値を感じるような状況はどうやってつくればよいのでしょうか？「知識・技能」や「思考力・判断力・表現力」については，注入教授的な教え込みの指導でも獲得させることは一応可能でしょうが，「主体的に学習に取り組む態度」はその限りではありません。過去の音楽を学ぶという音楽科の学習に課題価値を付与するための授業の考え方については第3章で言及したいと思います。

▶▶ 遂行モニタリングの段階（遂行段階）

　「遂行段階」において，学習者は「予見段階」でイメージした学習に実際に取り組むことになります。しかし，ベースを学ぶAさんの事例でも見られたように，「予見段階」でイメージしたとおり順調に学習が進むことはあまりないものです。目標を自分で立ててそれに向かって練習しているのに上手くいかなかったり，どうしても理解できなかったり……そしてそのようなつまずきの連続により動機を失ってしまうのです。このような困難な事態に直面しても学びを継続させるために必要なのは，自身の学習の成果をリアルタイムで観察しながら成否に応じて適切な「学習法略（learning strategies）」を選択することです。学習方略については既に言及してきましたが，あらためて説明しておくと，自己調整学習における学習方略とは「学習

を効果的に進めるために，個人内の認知過程，学習行動，学習環境といった側面を自己調整する方略のこと」と定義されます[27]。

　クラシック等の音楽をやっている中級者以上の演奏家は，初見で演奏できないフレーズに直面しても直ちに諦めたりはしません。「テンポを落として繰り返し練習する」「長いフレーズを短いフレーズに分解して練習する」等の対応をしながら練習を継続させますよね。これはまさに音楽的な学習方略を活用して学びを継続させている事例です。あるいは，五線譜の記号を暗記するために，「教科書を繰り返し見る」「自分でノートを作る」等の勉強をすることもあると思いますが，これらも学習方略だと言えるでしょう。これらの学習方略を積極的に活用している生徒は，まさに「主体的に学習に取り組む態度」における「自らの学びを調整しようとする力」を発揮していると見なしてよいでしょう。**学習方略の活用状況は観察によって見取りやすいので「主体的に学習に取り組む態度」を評価する上でも重要になってきます。**

　ただし，初見で演奏できないようなフレーズに直面した時，演奏できない要因をある程度分析できなければ正しい学習方略を選択することができないでしょう。例えばリコーダーの演奏技能獲得の場面で課題遂行に困難があった場合，その困難の要因がテンポの速さなのか，そもそも高い音を出すためのサミングに関する技術不足なのか，生徒自身が診断できなければ正しい学習方略にたどり着けません。具体的な原因を的確に診断できないにしても，「原因はもしかしてこれかも……？」と仮説を立てることができなければ試行錯誤すらできないでしょう。したがって，原因の特定に関しては教師がサポートし，学習方略の試行錯誤は生徒自身にやらせる等の支援が重要になってきます。「主体的に学習に取り組む態度」がメタ認知に関わるスキルだとされるのは，自分が直面している困難の原因を探れるかどうかに関わっているからだと言えるでしょう。困難の原因を探る力，すなわち原因帰属の重要性についてはのちに説明します。

　一点注意したいのは，学習方略を知識として把握している生徒が粘り強く学ぶとは限らない，ということです。この段階において生徒が学習方略を試そうとするかどうかは，学習性無力感の有無にも関わってきます。例えば生徒が「練習なんてしてもどうせ自分は上手くならない」と思い込んでいる場合は，学びに持続性が伴いません。したがって，教師は「自分も最初は初心者だったけどこれくらい練習したらできるようになったよ」といった声かけを用いた介入をしたり，その生徒にして適切な学習法略を提示して成功体験を積ませたりする等の対応をする必要があるでしょう。

▶▶ 遂行に対する内省の段階（内省段階）

　「内省段階」は学習者が自分の実践を振り返り，評価するフェイズです。自己調整学習の熟達においては，学習が上手くいかなった時に正しい原因帰属ができるかどうかが特に重要になります。これまでにも触れてきましたが，自己調整学習における原因帰属とは，課題遂行で上

手くいったり上手くいかなかったりした時に，その理由を探る心理的営為です。上述の「遂行段階」のところでも「できない原因を探る力」に言及しましたが，まさにこれが原因帰属の力だと言えます。

　例えば特定のフレーズを演奏するような課題を与えられ，一定時間練習した後に上手く演奏できなかった場合，原因帰属をきちんとできる学習者は「ここのフレーズが演奏できないのはサミングが上手くできていなからだな」のように建設的なに問題箇所の同定をおこないます。しかし，自己調整ができない学習者は「自分には才能がないからできない」というように自分の先天的な才能にできない原因を帰属させようとしてしまうのです。特にある程度経験した上ではっきりとした苦手意識を持ってしまった領域の課題に対しては，ついそのような原因帰属をしてしまいがちです。

　しかし，「主体的に学習に取り組む態度」やそれで評価したい「学びに向かう力」，そしてそれらが理論的基盤を置く自己調整学習では，「知識・技能」や「思考力・判断力・表現力」の上達の総量ではなく，学習のプロセスの妥当性にフォーカスするものです。仮に才能が一切なかったとして，どれだけ練習したところで初心者レベルを脱することができないのだとしても，「自らをモニタリングしながら学びを継続させる力」それ自体を磨くことは原理的に可能です。どれだけリコーダーが苦手でも上達すること自体はできるのですから，「主体的に学習に取り組む態度」を磨こうとする時に「リコーダーの才能のなさ」を嘆く意味は全くありません。その意味で，できない理由を先天的な才能等自分にコントロールできない要素に原因帰属させることは，自己調整学習的には悪手だと言えます。

　したがって，優れた自己調整学習者は，課題に対する先天的才能がどんなにないように感じられたとしても，できない原因を練習不足や練習方法の偏り等に帰属させます。生徒が「自分には才能がないからできない」とぼやいていたら，才能以外の原因を見つける手助けをする必要があるでしょう。

　なお，自己調整学習における3つの段階は明確に時間的な分断があるわけではありません。短い練習の中でも各段階をぐるぐると巡っている，と捉えてください。自己調整学習上級者は，学習方略を試行錯誤しながら適宜原因帰属をし，必要であれば目標の調整も行なっているのです。そのように考えれば，音楽の技能獲得場面における「予見段階」「遂行段階」「内省段階」をイメージしやすくなるのではないかと思います。

2　自己調整する力をどう育てる？

　ここまでに，自己調整学習の概要について述べてきました。それでは，自己調整する力をどのようにして生徒に身に付けさせればよいのでしょうか。これはとても重要な視点です。本書では一貫して，「主体的に学習に取り組む態度」で評価しようとする「学びに向かう力」を

「育てるべき資質・能力」として強調してきました。「主体的に学習に取り組む態度」の評価が難しいのは「学びに向かう力」の資質・能力としての定義が不明確だからであり、もっと言えばそれらを育て得る授業が十分に開発されてこなかったからです。したがって、学びを自己調整する力も資質・能力として授業を通して獲得させることを前提にする必要があるし、その前提があるからこそ評価について議論できるわけです。

　自己調整学習における3つの段階において、生徒ははじめから適切に振る舞うことができるわけではありません。生徒が自己調整できるようになるためには、教師のサポートが非常に重要です。これまでにも述べましたが、「主体的に学習に取り組む態度」やそれが評価しようとする「学びに向かう力」が対象としている「主体性」とは、「放置されても勉強する力」ではありません。本書では「主体的に学習に取り組む態度」を「自らをモニタリングしながら学びに向かう力」と再定義していますが、これは明確なスキルであり、ある程度の教師のガイドがなければこのスキルは身に付かないでしょう。

　しかし、自己調整する力は短期的には身に付きません。第1章では「主体的に学習に取り組む態度」を具体的に身に付けさせるための方法として、成功体験を積ませ、学習方略に関する知識を提供し、自律的な学習の時間を確保することが重要であることを指摘しましたが、このようなポイントを押さえたとしても、生徒の自己調整学習スキルが即座に劇的に伸長することはないでしょう。結局のところ、上記のポイントを押さえつつ生徒が課題価値を感じられるような授業をじっくりと継続すること重要になります。そのためには、授業実践の方法論というより教育課程を捉える俯瞰的な視座が必要になってくるでしょう。生徒が主体的になれる教育課程とはどのようなものなのでしょうか。この話は第3章に譲りたいと思います。

1　中央教育審議会（2016）「幼稚園，小学校，中学校，高等学校及び特別支援学校の学習指導要領等の改善及び必要な方策等について（答申）」pp.28-30.
2　文部科学省（2017）「中学校学習指導要領（平成29年告示）」p.99
3　文部科学省（2017）「中学校学習指導要領（平成29年告示）解説　音楽編」，p.15
4　中央教育審議会（2016）「幼稚園，小学校，中学校，高等学校及び特別支援学校の学習指導要領等の改善及び必要な方策等について（答申）」，pp.30-31
5　中央教育審議会（2016）「幼稚園，小学校，中学校，高等学校及び特別支援学校の学習指導要領等の改善及び必要な方策等について（答申）」，p.61
6　国立教育政策研究所（2020）『「指導と評価の一体化」のための学習評価に関する参考資料』p.10
7　国立教育政策研究所（2020）『「指導と評価の一体化」のための学習評価に関する参考資料』p.15
8　中央教育審議会初等中等教育分科会教育課程部会（2019）「児童生徒の学習評価の在り方について（報告）」p.11
9　自己調整学習研究会（2012）『自己調整学習：理論と実践の新たな展開へ』北大路書房，p.21
10　B. J. ジマーマン，D. H. シャンク（2014），『自己調整学習ハンドブック』北大路書房，p.33
11　同前書，p.33
12　中央教育審議会初等中等教育分科会教育課程部会（2019）「児童生徒の学習評価の在り方について（報告）」，p.11
13　Ryan, R. M., & Deci, E. L. (2000). "Intrinsic and extrinsic motivations: Classic definitions and new directions". *Contemporary Educational Psychology,* Vol.25, p.56.
14　Ibid., p.60
15　Ibid., p.61

16 自己決定理論には5つの下位理論が存在する。そのうちのひとつが外発的動機を自律性の程度によって分類するの有機的統合理論（organismic integration theory）である。

17 Deci, E. L., & Ryan, R. M. (2012). "Motivation, personality, and development within embedded social contexts: An overview of self-determination theory". In R. M. Ryan (Ed.), *The Oxford handbook of human motivation.* New York: Oxford University Press. p.88

18 Ibid., p.85.

19 Ibid., p.87.

20 Tsai, Y.-M., Kunter, M., Lüdtke, O., Trautwein, U., & Ryan, R. M. (2008). "What makes lessons interesting? The role of situational and individual factors in three school subjects". *Journal of Educational Psychology,* 100(2), 460-472.

21 自己調整学習研究会（2012）『自己調整学習—理論と実践の新たな展開へ—』北大路書房，p.88.

22 同前書，p.i

23 伊藤崇達（2020）「生徒が回す自己調整学習のサイクルを支援し教科指導と評価を一体的に考える」『Guideline』7・8月号，河合塾全国進学情報センター，pp.22-25

24 B. J. ジマーマン，D.H. シャンク（2014），『自己調整学習ハンドブック』北大路書房，p.26

25 同前書，p.32

26 同前書，p.30

27 自己調整学習研究会（2012）『自己調整学習—理論と実践の新たな展開へ—』北大路書房，p.43

第 2 章

「主体的に学習に取り組む態度」
を評価する

1 なぜ評価する？

1 評価の目的と具体

　そもそも我々はなぜ子どもの学びを評価しなければならないのでしょうか。忙しい現場では，学期末の通知表を作成するためになんとか評価をしているのが実態であるようにも思います。しかし，よく言われるように，「通知表のための評価」に終始するのは教育における評価の本意ではありません。国立教育政策研究所が出している『学習評価の在り方ハンドブック』によると，評価には大きく2つの目的があるとされています[28]。

---

①教師が指導の改善を図る
②児童生徒自身が自らの学習を振り返って次の学習に向かうことができるようにする

　授業で評価をする際の大きな目的の一つは教師自身による授業改善です。もし題材の目標を生徒の多くが達成できていないのだとしたら，それは生徒に問題があるというよりも授業の設定自体に何かしらの問題がある，と捉える方が妥当でしょう。教師は，生徒の学習状況を観察しながら，自分の授業の内容や進行スピード等が適切なのか，常に批判的であることが重要です。したがって，題材の目標が適切に達成されているかどうかを把握しておくことは，授業改善のために直接的に役立つのです。

　授業改善につなげるための評価は，学期末のみならず常時おこなわれることになります。授業中の生徒の様子を観察したり，ワークシートをチェックしたりすることも，評価の一環だと言えます。それらの評価は，全てが記録に残され学期末の成績に反映されるわけではありません。授業改善のための評価は日常的に，ある意味無意識的におこなわれるものです。生徒の学習状況を見ながら授業を微調整している教師は，実は内的に評価をおこなっていると言えるでしょう。

　評価のもう一つの目的は，生徒に学びの状況をフィードバックすることです。このフィードバックのためのツールの代表例が指導要録です。一般的には通知表と呼称されていますね。指導要録に記載される様々な事項の中でも特に生徒の注目度が高いのが教科の成績でしょう。各教科の成績として指導要録に掲載されるのは「観点別学習状況」と呼ばれる3段階のアルファベットと，評定と呼ばれる5段階の数値です。「観点別学習状況」とは，音楽科の学習を通して身に付いた資質・能力を「知識・技能」「思考・判断・表現」「主体的に学習に取り組む態

度」の３つの観点から評価した結果を示す部分です。それぞれ「十分満足できる」状況であれば A，「おおむね満足できる」状況であれば B，「努力を要する」状況であれば C が表記されます。そしてこれらのアルファベットを参照しながら教科全体の学習状況を評価したものが評定です。「十分満足できるもののうち，特に程度が高い」状況を 5，「十分満足できる」状況と判断されるものを 4，のように，5 段階になっていて，観点別学習状況のアルファベットを参照しながら評定をつけることになっています。『「指導と評価の一体化」のための学習評価に関する参考資料』には，観点別学状況がすべて A だった場合は評定が 5 または 4，すべて B だった場合は 3，すべて C だった場合は 2 または 1 にするのが適当とされており，それ以外の組み合わせの場合については予め各学校で決めておくことが推奨されています[29]。観点別学習状況と評定の目安については下記をご参照ください[30]。

観点別学習状況

A：「十分満足できる」状況と判断されるもの
B：「おおむね満足できる」状況と判断されるもの
C：「努力を要する」状況と判断されるもの

評定

5：「十分満足できるもののうち，特に程度が高い」状況と判断されるもの
4：「十分満足できる」状況と判断されるもの
3：「おおむね満足できる」状況と判断されるもの
2：「努力を要する」状況と判断されるもの
1：「一層努力を要する」状況と判断されるもの

指導要録の記載例

知識・技能	A
思考・判断・表現	B
主体的に学習に取り組む態度	A
評定	4

以上に評価の目的と具体について解説しました。多くの生徒にとって，評定は進路にも影響を及ぼす可能性のある「結果としての数字」だと認識されているでしょう。しかし，評定を数値として生徒に提示する本来の目的は，生徒に学びを改善してもらうことです。したがって，本来は成績の数値を見て一喜一憂するのではなく，自分の学びが不十分なところを各教科の資質・能力別（観点別）に把握し，次の学期の学びを改善してもらうことが重要になります。

　しかし，実際問題として，生徒は指導要録に示された成績を見て，次の学期の学びを改善しようとしているでしょうか。これはあくまで筆者の感覚ですが，「評定を参考にしている生徒は多いが観点別評価の結果の意味を読み取れている生徒は少ない」というのが実態ではないかと思います。

　「1学期は数学の成績が悪かったな……2学期の期末試験前は数学の試験勉強を重点的にやるか！」といった具合に，教科ごとの評定を相対的に捉えて自己動機づけをする生徒は少なくないでしょう。しかし，観点別評価の結果を正確に把握し，学びを改善している生徒は少ないのではないかと思います。

指導要録を漠然と解釈している例　　　　　　観点別評価を効果的に
　　　　　　　　　　　　　　　　　　　　学びの改善に生かしている例

1学期は数学の成績が悪かったな…
2学期の期末試験前は数学の試験勉強を重点的にやるか！

今回の音楽の成績は思考・判断・表現が悪かったから，次に向けて〇〇の勉強をしよう！

観点別評価の結果を学びの改善に生かせる生徒は少ない

指導要録を学びの改善のための効果的なツールとして活用させるためには，観点別評価のアルファベットや評定としての数値の捉え方に対する丁寧な説明が必要です。特に，「主体的に学習に取り組む態度」については，ほとんどの生徒がその観点の主旨を理解していないのではないでしょうか。しかし，そもそも評価をすることの目的が生徒に学びの改善を促すことなのだとしたら，前提として「主体的に学習に取り組む態度」の主旨を理解させる必要があります。「主体的に学習に取り組む態度」の主旨を理解していない生徒に対して「あなたの『主体的に学習に取り組む態度』はBです，学びを改善してくださいね」といったところで，改善のしようがありません。これは音楽科だけの問題ではありませんから，管理職や学年主任と共同して，指導要録の見方についての指導を全学的におこなってもいいかもしれません。特に「主体的に学習に取り組む態度」については教師間でも認識の齟齬がありそうですから，学校や学年である程度の共通認識をつくっておくことも重要になるでしょう。その際，「主体的に学習に取り組む態度」については「自らをモニタリングしながら学びを継続させる力」という本書の定義を参照していただけると幸いです。

2　子どもや保護者との信頼関係が何より重要

　先程説明したように，学校における評価の大きな目的は指導の改善と生徒へのフィードバックです。そのうち，指導の改善については良くも悪くもあまり表面化しない側面です。現状授業改善については教師が人知れず粛々とおこなっているので問題として指摘されること自体が少ないと言えるでしょう。一方で，フィードバックを目的として作成される指導要録の評定の数値については，比較的頻繁にトラブルが生じています。本来学習改善のために作成される評定が高校入試に直接的に影響するからです。特に教師は保護者や生徒からの異議申し立てに半ばビクビクしながら評定をつけている人も多いのではないでしょうか。評定に関しては教師・生徒・保護者の三者が非常にナーバスになっていると言ってよいでしょう。

　そのような背景もあるからこそ，「主体的に学習に取り組む態度」の妥当な評価を目指している人がこの本を手に取っているのだと思います。本書では，ここまでに「主体的に学習に取り組む態度」が「自らをモニタリングしながら学びを継続させる力」を評価する観点であることを確認してきました。そして，これ以降では，何を根拠にすれば「主体的に学習に取り組む態度」を妥当に評価できるのか，という具体的な方法論についても言及してきます。

　しかし，具体的な評価の方法論の話に入る前に，評価の妥当性はどこで決まるのか，考えてみたいと思います。我々が目指している妥当な評価，良い評価とは何なのでしょうか？

　結論から言いましょう。**筆者は，「どんな状況でも100%客観的に正しい評定」などというものは存在しない**，と考えています。この章の最初に確認したように，教科教育で評価をする目的は，教師自身が授業を改善し生徒に学びを改善してもらうことでした。したがって，「良い

評価」「妥当な評価」の本来的な定義とは「教授学習の往還を最も効果的に改善させるような見取りとフィードバック」になるはずです。しかし，先述したように，現状の評価は高校入試のための内申点としての意味合いがあまりに強いために，一歩間違えば保護者や生徒からのクレームにつながりかねません。「今後の子どもの学びを効果的に改善させるかどうか」という規準よりも，「保護者や生徒に納得してもらいやすい評価になっているかどうか」という規準を優先せざるを得ない状況だと言えます。

　例えば，本書のテーマである「主体的に学習に取り組む態度」は学びのプロセスの妥当性を評価しようとするものですから，評価の方法としては観察法がメインになるのが自然だと思います。しかし，「普段の学びのプロセスを教師による観察で評価しました」と言って，生徒や保護者が納得してくれるかと言われれば，一般的には少々難しいのではないかと思います。

　人間が人間を評価するのですから，どんなに精緻に規準と基準をつくって評価に臨んでも教師の主観や感覚的偏りに影響を受けることは避けられません。そもそも，評価規準を作成するのは教師なのですから，公平公正に評価しようと心がけたとしても，教師の主観を完全に排除することはできません。したがって観察法だろうがペーパーテストだろうが，「100％客観的に正しい評定」は原理的に存在しないのです。

　しかし，「100％客観的に正しい評定」が存在すると錯覚してしまうと，どうにかして「数値化可能な評価」「物的根拠の残る評価」をしなければならないのではないかという強迫観念に駆られてしまいます。もちろん，生徒に対して納得のいく説明をすることは「学びの改善のためのフィードバック」という本来の意味において重要ですし，教育は学校と家庭で一体的に行われるべきですので成績について保護者から質問されたらきちんと回答することが望ましいでしょう。しかし，本来的に教師の主観が介入せざるを得ない評価を100％客観的であるかのように取り繕おうとすることは，本末転倒であるように思います。では教師はどのようにして評価と向き合えばよいのでしょうか？

100％客観的に正しい評定は存在しない

筆者は，評定が示す「数値としての納得感」を高める努力をしながらも，保護者や生徒に評定の意味をきちんと説明することが大事だと考えています。物的・数的根拠でクレーム対策をするのではなく，信頼関係を構築した上できちんと説明する，という発想です。

　筆者が中学校に務めていた時もそうでしたが，現場では「評価の素材をつくる」という発想が非常に強いように思います。生徒の顔と名前をしっかりと覚えていて，授業中の様子もしっかりと観察できていて，観察法でその題材における「主体的に学習に取り組む態度」を3段階で評価しわける確信があったとしても，「評価の素材」として生徒になにか提出させなければならないような風潮がありました。物的根拠のないところで評価すると，「教師の主観だ」と言われてしまうからです。しかし，先述したように，評価規準を教師がつくっている以上教師の主観が介在しない評価など存在しえません。重要なことは，保護者や生徒からどのような評価規準で評価したのか質問された時に，教師がきちんと説明できることです。あるいは質問される前に説明しておくことです。特に「主体的に学習に取り組む態度」については，学習プロセスの妥当性を評価するというその特性上，物的根拠を出しにくいと言えます。本書ではそれでも物的根拠を求められた時のためにワークシートの活用方法を後に解説しますが，いずれせよ教師の主観的観察は必要な要素になるでしょう。無理矢理に物的根拠をつくるよりも，自分の評価の妥当性をロジカルに説明する機会をつくり，生徒や保護者と信頼関係を築いたほうが長期的には建設的かもしれません。また先述したように，評価の主旨について生徒や保護者に解説することは，学びを改善してもらうためにも非常に効果的です。一つの選択肢として，捉えていただければ幸いです。

2 どう評価する？

1 評価の観点＝資質・能力を捉える視点

　ここまでに評価の目的について確認してきました。ここでは評価の具体的な方法論に関して解説していきます。評価について考える上で，評価の観点，評価規準，評価基準の３つのキーワードをきちんと整理して理解することは大変重要です。筆者が大学生の頃は評価の規準（のりじゅん）と基準（もとじゅん）という説明を受けました。訓読みすると記憶しやすいのは事実ですが，紛らわしい用語法であることは否めません。既に現場で指導に従事されている先生は十分にご存知のトピックかとは思いますが，ここで改めて整理しておきたいと思います。

▶▶ 評価の観点は資質・能力に対応する

　第１章でも確認しましたが，日本の学校教育で育成しようとしている資質・能力は「知識・技能」「思考力・判断力・表現力」「学びに向かう力，人間性」の３つということになっています。これらを評価するために「知識・技能」「思考・判断・表現」「主体的に学習に取り組む態度」という３つの評価の観点が設定されています。これを図にして考えてみましょう。

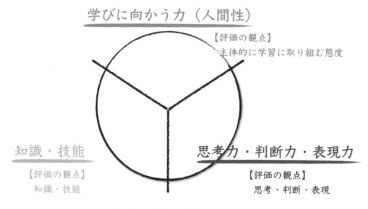

育てたい資質・能力と評価の観点

　音楽科で育てたい能力の総体を円形にして表してみると上記の図のようになると思います。それぞれの資質・能力に評価の観点が対応しているのがよくわかります。音楽科での音楽活動はあくまで教育的な狙いを持っておこなわれるので，「歌って楽しかった」「クラシックを聴いていい経験ができた」で終わるわけにはいきません。したがって，その授業でどのような資

質・能力を育成しようとしているのか教師自身が自覚的になることが重要です。3つの資質・能力の柱を意識することは，学習活動の意味が不明瞭になりやすい音楽科の教師にとって有用でしょう。そして，その授業の狙いが達成されているかどうかをチェックし，授業改善に生かすために用いられるのが評価の観点です。特定の学習活動を観察しながらどの評価の観点から評価するのか考えることは，必然的にその学習活動でどの資質・能力を育成しようとするのか自覚することにつながります。

2 評価規準＝評価対象の具体化

▶▶ 評価規準は評価の観点を具体化するもの

では評価規準を設定する意味とはなんでしょうか？　上に示したように，音楽科で育てたい能力は3つです。したがって，評価もその3つの資質・能力に沿って実施するわけですが，それぞれの評価の観点を運用レベルに落とし込んだ時にまだまだ漠然とした感があります。「今日の授業では『知識・技能』を育み評価する」と言っても，その授業が具体的にどんな「知識・技能」を対象としているのかはっきりしません。そもそも知識なのか技能なのかすら明らかになっていない状況です。もう少し絞ったとして仮に「歌唱の『技能』を育み評価する」と設定したとしても，「歌詞にあった表現をする技能」なのか「正確な音高で歌う技能」なのか「様々な音色で歌う技能」なのか不明瞭です。左ページの円の図を見ていただくとわかるように，音楽科で育て評価したい資質・能力を3等分して理解したとしても，それぞれまだ120度分の範囲があります。その授業で具体的にどこの部分を育み評価するのか，事前に明文化しておかなければリアルタイムで生徒を評価して授業を改善していくことは難しいでしょう。そこで必要になるのが評価規準です。特定の評価の観点の中で具体的に何を育て評価するのか明文化したものを評価規準と言います。図で示せば下記のようになるでしょう。

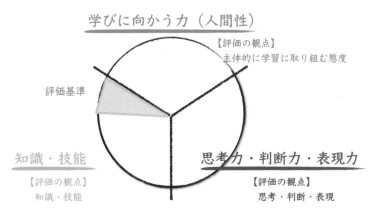

育てたい資質・能力と評価規準

音楽科で育てたい資質・能力をホールケーキに見立ててみると，ケーキを３つの資質・能力にそって三等分するのが評価の観点であり，３等分されたケーキからさらに授業の特性に合わせて適切な評価対象をショートケーキサイズに切り取るのが評価規準だと思ってみてください。

授業の特性に合わせて
適切な評価対象を切り取る

▶▶ 評価規準のつくり方

　評価規準は，学習指導要領を参考にしながら教師自身が作成する必要があります。例えば『「指導と評価の一体化」のための学習評価に関する参考資料』には，第２学年を対象とする歌唱の授業を想定して次のような評価規準の例が挙げられています[31]。

知識・技能	思考・判断・表現	主体的に学習に取り組む態度
知　「荒城の月」，「早春賦」の曲想と音楽の構造や歌詞の内容との関わりを理解している。 技　創意工夫を生かした表現で「早春賦」を歌うために必要な発声，言葉の発音，身体の使い方などの技能を身に付け，歌唱で表している。	思　「荒城の月」，「早春賦」のリズム，速度，旋律，強弱を知覚し，それらの働きが生み出す特質や雰囲気を感受しながら，知覚したことと感受したこととの関わりについて考え，「早春賦」にふさわしい歌唱表現としてどのように表すかについて思いや意図をもっている。	態　「荒城の月」，「早春賦」の歌詞が表す情景や心情及び曲の表情や味わいに関心をもち，音楽活動を楽しみながら主体的・協働的に歌唱の学習活動に取り組もうとしている。

　評価規準を作成する方法として一般的に説明されるのは学習指導要領の「２　内容」より文章を引用しながら語尾を調整する，というものです。例として，上記の例のうち，「知識・技能」に含まれる「知識」に関する評価規準について見てみましょう。ここにある「「荒城の月」，「早春賦」の曲想と音楽の構造や歌詞の内容との関わりを理解している。」という評価基準は下記に示した学習指導要領の第２学年及び第３学年の歌唱表現に関する文章のうち，下線部を引用しつつ語尾を修正したものです。

2　内容

A　表　現

（1）歌唱の活動を通して，次の事項を身に付けることができるよう指導する。

ア　歌唱表現に関わる知識や技能を得たり生かしたりしながら，曲にふさわしい歌唱表現を創意工夫すること。

イ　次のア及びイについて理解すること。

（ア）曲想と音楽の構造や歌詞の内容及び曲の背景との関わり

（イ）声の音色や響き及び言葉の特性と曲種に応じた発声との関わり

ウ　次のア及びイの技能を身に付けること。

（ア）創意工夫を生かした表現で歌うために必要な発声，言葉の発音，身体の使い方などの技能

（イ）創意工夫を生かし，全体の響きや各声部の声などを聴きながら他者と合わせて歌う技能

「《荒城の月》，《早春賦》の曲想と音楽の構造や歌詞の内容との関わりを理解している。」という評価規準のうち，具体的な曲名は授業で教材として取り扱う楽曲からきています。「曲想と音楽の構造や歌詞の内容との関わり」「理解」という文言は学習指導要領からの引用ですね。一方で学習指導要領には「曲の背景との関わり」という文言がありますが，それが評価規準には反映されていません。この授業では「曲想と曲の背景との関わり」を取り扱わないので省略した，という判断でしょう。そして語尾を「○○している」にすることで評価規準が完成します。このような手順で，評価規準は指導要領の「2　内容」から該当箇所を引用しながら語尾を変えて生徒主体の文章にすることで作成するのが一般的になっています。

　ただし，本書をここまで読んでくださった読者の方はご存知かと思いますが「主体的に学習に取り組む態度」に関しては，学習指導要の「2　内容」に該当する文章が存在していません。第1章で指摘したように，「主体的に学習に取り組む態度」は属教科的な資質・能力ではなく汎教科的な資質・能力であり，教科ごとに内容を明示することが難しいからです。したがって，「主体的に学習に取り組む態度」の評価規準作成にあたっては，中央教育審議会が「児童生徒の学習評価の在り方について（報告）」とともに出した「別紙4　各教科等・各学年等の評価の観点等及びその趣旨」を参照することが推奨されています[32]。

観点	知識・技能	思考・判断・表現	主体的に学習に取り組む態度
趣旨	・曲想と音楽の構造や背景などとの関わり及び音楽の多様性について理解している。 ・創意工夫を生かした音楽表現をするために必要な技能を身に付け，歌唱，器楽，創作で表している。	音楽を形づくっている要素や要素同士の関連を知覚し，それらの働きが生み出す特質や雰囲気を感受しながら，知覚したことと感受したこととの関わりについて考え，どのように表すかについて思いや意図をもったり，音楽を評価しながらよさや美しさを味わって聴いたりしている。	音や音楽，音楽文化に親しむことができるよう，音楽活動を楽しみながら主体的・協働的に表現及び鑑賞の学習活動に取り組もうとしている。

　この「別紙4」に示されている評価の観点の趣旨は，学習指導要領の目標や内容を踏まえた上で，評価規準を作文しやすいように再構成されたものになっています。「知識・技能」については「知識」と「技能」が分割されていますし，「思考・判断・表現」については音楽を構成する要素についてのフォーカスがより強調されています。「主体的に学習に取り組む態度」についても基本的にはこれをベースに評価規準を作成すれば，研究会等の場で大きな問題になることはないでしょう。

▶▶ 運用可能な評価規準を作るために

　一方で，この評価規準の作成手順に関して筆者は色々と思うところがあります。研究授業等では，「指導要領の文言を正確に使った上で，語尾を変えて生徒主体の文章にできているかどうか」が議論されることがありますが，筆者としては表記上の問題よりも授業中に実際に評価する際有用に運用できるかどうかという観点の方が重要だと思っています。例えば先程例示した，《荒城の月》《早春賦》を教材にした題材において同資料に掲載されている「主体的に学習に取り組む態度」の評価規準を改めて見てみましょう。先の表にも掲載しましたが，下記のようになっています。

主体的に学習に取り組む態度
態　「荒城の月」，「早春賦」の歌詞が表す情景や心情及び曲の表情や味わいに関心をもち，音楽活動を楽しみながら主体的・協働的に歌唱の学習活動に取り組もうとしている。

国立教育政策研究所が提案する「主体的に学習に取り組む態度」の評価基準の例

これは国立教育政策研究所が提案する「主体的に学習に取り組む態度」の評価規準の例ですが，果たしてこれは実際の評価の場で運用可能でしょうか？どのような状況をもってして「歌詞が表す情景や心情及び曲の表情や味わいに関心を」持っていると判断し，「音楽活動を楽しみながら主体的・協働的に歌唱の学習活動に取り組もうとしている」と判断するのでしょうか。そもそも「関心を持っている」状態を観点別評価の対象にすることは妥当でしょうか。

　第1章で確認したように「主体的に学習に取り組む態度」で評価しようとするのは「学びに向かう力，人間性」という資質・能力から観点別評価に馴染まない部分を除いた「学びに向かう力」です。本書ではこの学びに向かう力を「自らをモニタリングしながら学びを継続させる力」と定義しています。そしてこの力は「①知識・技能や思考力・判断力・表現力を粘り強く獲得しようとする力」と「②自らの学習を調整しようとする力」の2側面から評価されることになっています。しかし，国立教育政策研究所が提案する「「荒城の月」，「早春賦」の歌詞が表す情景や心情及び曲の表情や味わいに関心をもち，音楽活動を楽しみながら主体的・協働的に歌唱の学習活動に取り組もうとしている。」という評価規準にはこの2側面の視点がクリアに表面化しているとは言い難いでしょう。そして，筆者は，評価規準にもこの2側面をわかりやすい形で反映させるべきではないかと思っています。

　そこで，「主体的に学習に取り組む態度」を構成する2側面をクリアに言語化した評価規準を筆者なりに作成してみました。下記をご覧ください。

主体的に学習に取り組む態度
態 「荒城の月」，「早春賦」を創意工夫して歌うのに必要な歌唱の技能のうち，歌詞の内容を生かす発音で歌う技能の獲得に向けて，適切な学習方略を選択しながら，粘り強く獲得しようとしている。

筆者が提案する評価規準の例

　この評価規準は，本題材で獲得が目指される「技能」に対して発揮される「主体的に学習に取り組む態度」を評価しようとしています。そもそも「主体的に学習に取り組む態度」は「知識・技能」もしくは「思考力・判断力・表現力」の獲得に向けて発揮されるものです。一方で，国立教育政策研究所が提案する評価規準には，どのような資質・能力の獲得に向けて発揮される「主体的に学習に取り組む態度」を評価しようとするのかが明示されていません。また，「歌詞が表す情景や心情及び曲の表情や味わいに関心」を持っているかどうか評価する具体的な方法を想定することもできません。実際の評価にあたっては運用が難しいと言えるでしょう。一方で，筆者が提案する評価規準は，「教材曲を創意工夫して歌うのに必要な技能の中でも『歌詞の内容を生かす発音で歌う技能』を獲得しようとする際に発揮される『主体的に学習に取り組む態度』を評価する」ことが明示されています。「主体的に学習に取り組む態度」はそ

の題材で目標に設定されている「知識・技能」や「思考力・判断力・表現力」の獲得に向けて発揮されるので，本題材では「歌詞の内容を生かす発音」が題材の目標の一つになっている，という前提です。**逆に言えば，題材の目標となるその他の資質・能力の特性を踏まえずに「主体的に学習に取り組む態度」だけを個別に評価することは原則的に不可能です。**この評価の観点の主旨に合っていないと言えるでしょう。

　また，筆者の提案する評価規準には「主体的に学習に取り組む態度」を構成する2側面にも言及するような文言が入っていますので，運用のイメージもつきやすいのではないでしょうか。具体的には，「適切な学習方略を選択しながら」という文言は「②自らの学習を調整しようとする力」に関わる部分です。本題材のように特定の楽曲を楽譜どおりに歌わせるようなタイプの授業では生徒自身が目標設定に関与する余地は狭そうです。ならば，個別学習の時間を確保して学習方略を選択する場面をつくり，そこで評価するのが良いのではないかと考えました。方法論としては，学習振り返りシートで練習の自己評価をさせたり観察法で練習の様子を見取ったりすることで評価できそうです。また「粘り強く獲得しようとしている」という文言は「①知識・技能や思考力・判断力・表現力を粘り強く獲得しようとする力」に言及するものです。こちらも観察法で評価するのが妥当でしょう。いずれにせよ，「『技能』獲得の場面にフォーカスして2側面から評価する」という限定性が評価規準の実際的な運用のしやすさにつながるはずです。

　一応フォローしておきたいのですが，国立教育政策研究所が提案する評価規準ももちろん「主体的に学習に取り組む態度」の2側面を当然踏まえた上で作成されているはずです。筆者が引用した『「指導と評価の一体化」のための学習評価に関する参考資料』の前半部分にも，当然ながら2側面についての解説が掲載されていました。しかし，同書の後半で提示される具体的な評価規準の文章例にはそれが反映されていません。同資料で説明されている2側面の存在が霞むような文言の評価規準が提案されているのはなぜでしょうか？　その真意は筆者にはわかりませんが，資料を見る限り，**国立教育政策研究所は「指導案に書く評価規準」と「運用上の評価規準」を分けて考えているようです。**つまり，指導案上には「「荒城の月」，「早春賦」の歌詞が表す情景や心情及び曲の表情や味わいに関心をもち，音楽活動を楽しみながら主体的・協働的に歌唱の学習活動に取り組もうとしている。」と書きながらも，実際の評価にあたっては粘り強さの側面と自己調整の側面に注目して評価する，ということでしょう。筆者はこれに強い疑問を感じます。評価規準は教師が自身の指導の狙いを明確に意識し，適切な評価を実行するために存在するはずです。ならば，運用可能な評価規準を言語化すべきではないでしょうか。

　以上が評価規準の概要と実際の作成・運用に関わる留意点です。評価規準を作成するにあたっては学習指導要領等の文言を使用することが推奨される一方で，コピーアンドペーストで作成された評価規準は実際の運用には耐えません。国立教育政策研究所が提案する評価規準のよ

うに，表記上の評価規準と運用上の評価規準を別物として捉える方法もなくはないと思いますが，個人的には混乱を招くだけだと思います。運用可能性の観点から規準を吟味する視点もあって然るべきしょう。

3 評価基準＝評価規準につける目盛り

▶▶ 評価基準はものさしの目盛り

ここまでの説明で評価の観点と評価規準についてはご理解いただけたかと思います。どちらも音楽科で育てたい360度分の資質・能力のうちどの角度を評価するのかを決める機能を有していました。評価基準は評価の観点と評価規準によって示された方向性に目盛りをつけるための文章だと思ってください。早速図で示します。

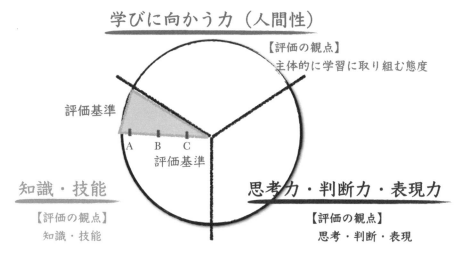

育てたい資質・能力と評価規準，評価基準

評価の観点と評価規準で，その授業で何を育て評価するのかが明確になりました。それにA（十分満足できる），B（概ね満足できる），C（努力を要する）の３つの目盛りをつけるのが評価基準です。評価の観点と評価規準が指導と評価の方向性に言及する概念だったのに対し，評価基準は学習状況の程度に言及する概念であることにご留意ください。

▶▶ 評価基準の作り方

では先程参照した『「指導と評価の一体化」のための学習評価に関する参考資料』に掲載されている「知識」についての評価規準に評価基準の３つの目盛りをつけてみましょう。評価規準を設定したことにより，当該授業においては「《荒城の月》，《早春賦》の曲想と音楽の構造

や歌詞の内容との関わりを理解している」かどうかが指導と評価の対象になることが明確になりました。では，どの程度理解していればA（十分満足できる）だと評価できるのでしょうか。例えば次のような評価基準が想定できます。

A	曲想と構造の関わり，及び曲想と歌詞の関わりについて曲全体に渡って理解できている。
B	曲想と構造の関わり，及び曲想と歌詞の関わりについて部分的に理解している。
C	曲想と構造の関わり，及び曲想と歌詞の関わりについてほとんど理解できていない。

　評価規準に三段階の目盛りをつけたものが評価基準なわけですが，今回は「曲想と音楽の構造や歌詞の内容との関わり」についての理解を量的に捉えてみました。教師が教材曲を分析した結果題材の中で生徒に注目させたい「曲想と音楽の構造や歌詞の内容との関わり」が複数箇所見つかったとして，その大部分を理解できていればA，一部のみ理解できていればB，ほとんど理解できなければC，というように評価していくということです。評価基準の作成方法は，この例のように，量的な指標として３つに区切ると実際に運用しやすくなります（評価基準を量的な指標と見なすことのデメリットについては後に触れます）。

　同様に「主体的に学習に取り組む態度」の評価規準にも目盛りとしての基準をつけてみましょう。こちらについては，資料に掲載されていた評価規準ではなく筆者が修正した方の評価規準を使ってみましょう。「「荒城の月」，「早春賦」を創意工夫して歌うのに必要な歌唱の技能のうち，歌詞の内容を活かす発音で歌う技能の獲得に向けて，適切な学習方略を選択しながら，粘り強く獲得しようとしている。」という規準に量的な目盛りをつけるとすれば，例えば下記のようになります。

A	「荒城の月」，「早春賦」を創意工夫して歌うのに必要な歌唱の技能のうち，歌詞の内容を生かす発音で歌う技能の獲得に向けて，複数の学習方略を選択しながら，粘り強く獲得しようとしている。
B	「荒城の月」，「早春賦」を創意工夫して歌うのに必要な歌唱の技能のうち，歌詞の内容を生かす発音で歌う技能の獲得に向けて，単一の学習方略を選択しながら，粘り強く獲得しようとしている。
C	「荒城の月」，「早春賦」を創意工夫して歌うのに必要な歌唱の技能のうち，歌詞の内容を生かす発音で歌う技能の獲得に向けて，効果的な学習方略を用いていない。

今回は学習方略の数という量的な基準を設定して評価基準を作成してみました。「歌詞の内容を生かす発音で歌う技能の獲得」を目指す上で効果的な学習方略としては，歌詞の意味を調べてみる，歌詞を朗読してみる，歌詞だけでリズム読みしてみる，子音の強さや母音の長さを多様に試してみる等，色々考えられます。これらを全く実践してみずにいきなり「歌詞の内容を生かす発音で歌う技能」を身に付けることは難しいと思われますし，単一の学習方略のみを使用するより複数の学習方略を試したほうが学びが深まるといってよいでしょう。この時重要なのは，教師自身が「複数の学習方略」についてあらかじめイメージを持っておくことと，実際に学習方略を選択しながら個人またはグループで自律的な学習をする時間を確保することです。

　ここまでに確認してきたように，「主体的に学習に取り組む態度」は教師が練習過程を全て管理する一斉指導の中では育ちません。そして，その授業で獲得が期待されない資質・能力を評価することは不適切です。「主体的に学習に取り組む態度」を評価したい場合は自律的な学習の時間を確保するようにしてください。逆に，自律的な学習の時間を設けることが難しい場合には「主体的に学習に取り組む態度」を評価しない，という認識の整理をすることも重要かと思います。

▶▶▶ 基準を量的な指標として捉えていいの？

　さて，ここで評価基準を量的な指標として捉えることのデメリットについても触れておきましょう。例えば「曲想と音楽の構造や歌詞の内容との関わり」についての考え方は，一旦身に付いてしまえばあらゆる状況に応用可能です。したがって，「曲想と音楽の構造や歌詞の内容との関わり」についてある程度理解できる人は曲全体に渡って理解できますからAになりがちですし，きっかけが掴めなければCになってしまいます。つまり，BとCの間に決定的な境目があり，評価としてはAとCに二分してしまうのではないか，ということです。同様に「主体的に学習に取り組む態度」で例示したような学習方略の量的側面に着目した評価基準についても，例えば学習方略を一切使わないCとひとつだけ学習方略を使うBの間に決定的な境目があるようにも感じます。本当に評価し分けるべきは，「曲想と音楽の構造や歌詞の内容との関わりについてどの程度深く理解できているか」「学習方略を試行錯誤するという学びに向かう力をどの程度深めているか」という質的な側面なのではないか，という批判です。

　しかし，この点に関しては現実的な問題を考慮すると，基準を量的な指標として運用することを認めざるを得ない，というのが筆者の考えです。観察法や実技テスト，ワークシート等様々な評価の方法がありますが，どの方法をとったとしても教師が生徒一人ひとりの評価に当てることの時間は限られています。実技テストでは生徒の演奏を一回だけ聴いて評価しなければいけないわけで，そのような条件下で「曲想と音楽の構造や歌詞の内容との関わり」に関する理解の質的な深さを3段階で判定するのは相当難しいでしょう。観察法で生徒の歌唱活動を

机間巡視しながら見取ってメモをするような場面においても，同様に生徒一人ひとりの技能を質的に深く，かつ客観的に評価することはあまり現実的ではありません。ワークシートを活用して授業時間外で評価をするような場面を想定しても，現場の先生方の多忙さを考慮すると，運用の難しい評価基準を作っても非現実的なように思います。評価規準と同様，評価基準についても，運用可能性に注目した作成手順が考慮されてもいいかもしれません。

▶▶▶ Cになりそうな生徒に対する支援について

　運用可能な評価規準と評価規準を作成して効果的に評価ができたとしても，評価は指導に生かさなければ意味がありません。ある題材での評価を次の題材に生かすのはもちろんですが，例えばCになりそうな生徒を見つけた場合，可能であればその題材の授業中に支援して，その生徒の振る舞いがBやAになるように関わりたいものです。では，「主体的に学習に取り組む態度」がCになりそうな生徒に対してその場でできる支援とはどのようなものが想定されるでしょうか。

　「主体的に学習に取り組む態度」はその特性上，長期的に獲得され発揮されます。したがって，特定の題材において「知識・技能」や「思考力・判断力・表現力」の獲得に向かおうとしない生徒を直ちに学びに向かわせることは非常に難しいと言えます。日本において自己調整学習研究を牽引する伊藤は，学習に対して動機づけの低い子どもに対して自己調整学習方略を使用させようとしても「4週間程度という短期の働きかけでは，即時的な効果は期待できない」[33]と述べています。例えば，上に例示した《荒城の月》と《早春賦》を使った授業において，「歌詞の内容を生かした発音で歌唱する技能」を獲得するために学習方略を一切使用しようとしない生徒，すなわ「主体的に学習に取り組む態度」がCになりそうな生徒に対して，その場でできるアプローチはあまりない，ということです。生徒が自律的に学習しようとしなかったとしても，教師が練習を組織して無理やり歌わせれば，歌唱の「技能」自体を獲得させることはできるでしょう。その意味で，「技能」がCになりそうな生徒に対する支援は比較的容易に思いつきます。しかし，「主体的に学習に取り組む態度」は生徒自身が自律的に学ぼうとしないことには発揮・涵養されないわけですから，教師ができることは非常に少ないと言わざるを得ません。

　もちろんこれまでに述べてきたように，学習方略を知らない生徒に対して「まずはピッチをつけずに歌詞を朗読してみてね」のように具体的な練習方法を提示するのは有効ですが，ここで問題になるのは学習方略を理解しているのに実行しようとしない生徒です。自己決定理論でいうところの無動機づけの状態です。このような生徒の「主体的に学習に取り組む態度」を授業時間内にCからBにするような即効性のあるアプローチはほとんど存在しないのではないかと思います。

結局のところ「主体的に学習に取り組む態度」がCになりそうな生徒に対する支援として最も効果的なものは，「Cになりそうな生徒が生まれないような授業をする」ことです。

そもそもCになりそうな
生徒が生まれないような
授業をする

　具体的に言えば，生徒が「この技能を獲得することは確かに自分にとって重要だ」だと思わせるような課題価値を感させる授業，もしくは「この音楽活動をもっと楽しむためにもこの技能を獲得したい」と思わせるような内発的動機に根ざした授業をするしかありません。このような授業をするための具体的な考え方については次章で詳しく解説したいと思います。

▶▶▶ 運用可能な評価規準・基準を作成する

　以上が評価の観点，評価規準，評価基準の概要です。評価の観点については予め設定されていますが，評価規準と評価基準については教師自身が作成する必要があります。基準と規準を作成する際の留意点としては，既に述べたように，運用可能な規準・基準を作る，という点です。授業中に数多くの生徒を限られた時間で評価するには，モヤモヤと考える必要のないクリアで端的な規準・基準が必要です。特に「主体的に学習に取り組む態度」の評価規準に関しては，評価の実態である2側面が表面化していない文章が一般的になっているようで，その慣例故に現場の先生方が不自由されているのではないかと懸念しています。そもそも評価規準は漠然としている評価の観点を具体化するためのものです。筆者としては，運用可能な程度に具体性のある評価規準を推奨したいと思います。

　また，「主体的に学習に取り組む態度」を効果的に評価するためには，生徒の「主体的に学習に取り組む態度」が発揮・伸長され得る授業を作らなければなりません。教師の指示のもと一斉に練習するような指導の場面で「主体的に学習に取り組む態度」を評価することはこの観点の主旨にあっていないので，「主体的に学習に取り組む態度」を育み評価する場合は必ず自律的な学習の時間を設定することを意識してください。

3 評価にまつわる疑問あれこれ

1 「やる気はあるが能力がない生徒」をどう評価する？

　ここまでに評価規準や評価基準の作り方について解説してきました。それらを踏まえた上で，本節では評価をする際に実際に直面する様々な疑問について取り上げ，具体的に解説していきます。

　評価をつける際に，「この生徒は授業態度も良く，個人練習にも熱心に取り組むんだけど，リコーダーのテストでは点が取れなんだよなぁ……『技能』はCにせざるを得ないけど『主体的に学習に取り組む態度』はAにしてあげるか」という判断をしたくなることはないでしょうか。要するに「やる気はあるが能力がない生徒」への救済措置として「主体的に学習に取り組む態度」の評定を高めに見積もろうという発想です。このような評価のあり方は許容されるべきでしょうか。

授業態度も良く
熱心に取り組んで
いるけど…

リコーダーの
テストでは
点が取れない

「技能」はCでも「主体的に学習に取り組む態度」はA？

　これまでに確認してきたように，「主体的に学習に取り組む態度」で評価しようとしているのは「授業に対する熱心さ」ではなく「自らをモニタリングし学びを継続させようとする力」です。したがって先程のエピソードにあった「個人練習に熱心に取り組んでいる」という見取りの解像度をもう少し上げて，「目標を階層化しながら適切な学習方略を選択し，粘り強く個人練習に取り組んでいる」等判断できるのであれば，「主体的に学習に取り組む態度」を高く評価することができます。したがって，「頑張っているので救済措置として『主体的に学習に取り組む態度』を高く評価する」という判断は妥当ではありませんが，学習プロセスが適切だと判断されるのであれば「技能」の評価が低く「主体的に学習に取り組む態度」の評価が高い，という事態は想定できます。

　しかし，本来「主体的に学習に取り組む態度」は「知識・技能」や「思考力・判断力・表現力」の獲得に向かうための資質・能力です。したがって，生徒が「主体的に学習に取り組む態

度」を十分に発揮しながら練習に取り組んでいれば，「知識・技能」や「思考力・判断力・表現力」も自然と獲得されることが予想されます。つまり，適切に目標を調整し，適切に学習方略を選択し，自分の学習状況を適切に省察できているのであれば，当然結果として「技能」が獲得されているはずだ，ということです。同様のロジックで，「主体的に学習に取り組む態度」を一切発揮せずに「知識・技能」や「思考力・判断力・表現力」を高度に獲得している，という状況も考えにくい，とも言えます。

　以上を踏まえ，中央教育審議会は「児童生徒の学習評価の在り方について（報告）」という資料の中で，次のように述べています[34]。

> 　単元の導入の段階では観点別の学習状況にばらつきが生じるとしても，指導と評価の取組を重ねながら授業を展開することにより，単元末や学期末，学年末の結果として算出される３段階の観点別学習状況の評価については，観点ごとに大きな差は生じないものと考えられる。

　つまり，「知識・技能」と「思考・判断・表現」がCで「主体的に学習に取り組む態度」がA，のように観点別学習状況に極端なばらつきがでるような事態は，単元の導入時期を除けば基本的にはないはずだ，という見解です。

　このような中央教育審議会の立場は，「主体的に学習に取り組む態度」という特殊な資質・能力の特性を考慮するとある程度理解はできますが，同時に疑問も出てきます。例えば「知識・技能」がBで「思考・判断・表現」がC，「主体的に学習に取り組む態度」がAなら許容されるのか，あるいは「知識・技能」がC，「思考・判断・表現」がB，「主体的に学習に取り組む態度」がAという評価はありなのか，等想定される事例はいくつもありますが，それら全てのパターンについて中央教育審議会の文章が回答してくれているわけではありません。そもそも，評価の観点が相互依存的に関連するのだとしたら，観点別評価の体をなしていないのではないか，という疑問も出てきます。

知識・技能	C
思考・判断・表現	C
主体的に学習に取り組む態度	A

知識・技能	A
思考・判断・表現	A
主体的に学習に取り組む態度	C

中央教育審議会が基本的には起こりそうにないとするCCAあるいはAACの例

知識・技能	C
思考・判断・表現	B
主体的に学習に取り組む態度	A

知識・技能	B
思考・判断・表現	A
主体的に学習に取り組む態度	C

これはいいの……？

これらの実際的な疑問に対する明確で公式な回答は今の所存在していないようです。にも関わらず、**現場の先生方からは「ＣＣＡやＡＡＣの評定をつけると管理職から修正を要求された」といったエピソードをよく聞きます**。果たしてこの事例はどのように解釈されるべきなのでしょうか。管理職からの修正依頼は妥当なのでしょうか。

　筆者は、答申が出している「ＣＣＡやＡＡＣのような事態は基本的には起こり得ない」という見解を、「ＣＣＡのような極端な評価が多く見られる場合は、指導と評価の往還のあり方を今一度見直しましょう」という努力目標を示唆しているものと解釈しています。したがって、本来はその年度の評定を修正するのではなく、来年度以降の指導と評価の往還のあり方を見直すことの方が重要になります。その上で、筆者は「適切な指導と評価の往還がなされていてもＣＣＡのような観点別学習状況は生じうる」とも考えています。

　例えば下の表のようなＣＣＡの評価の事例について具体的に考えてみましょう。

知識・技能	C
思考・判断・表現	C
主体的に学習に取り組む態度	A

　この場合、「主体的に学習に取り組む態度」はＡなわけですから、この生徒は音楽科で目標設定を調整しながら適切な学習方略を選択し学びを省察できていたことになります。しかしそのような適切な学びのプロセスを経ているにも関わらず、結果として「知識・技能」や「思考力・判断力・表現力」が身に付いていないと判断された事例です。**中央教育審議会はこのような状況を想定しにくいと論じていますが、個人的には十分ありえると考えています**。例えば、要領よくすぐに技能獲得ができてしまう生徒ａさんと技能獲得に時間がかかる生徒ｂさんが、両者ともに適切な学びのプロセスを経ていたと仮定しましょう。どちらの生徒も目標を調整し、適切な学習方略を選択し、自身の学びを振り返りながら粘り強く学びを継続させていたとします。この場合、要領の良いａさんは授業時間内に技能獲得を終えることができる可能性が高いですが、ｂさんは授業時間内に技術獲得に至らないかもしれません。しかし、後者の生徒も技能の獲得に向かって自らの学習を調整ながら粘り強く学んでいるわけなので、学習プロセスとしては適切です。もしその題材の授業時間がもう１時間余分にあれば、ｂさんも技能を獲得できていたかもしれませんし、そもそも「主体的に学習に取り組む態度」は技能を獲得できてるかではなく獲得しようとしているかどうかを評価するものです。現実問題としてｂさんは授業時間内に技能を獲得できなかったわけですから、「技能」の評価が低くなることは避けられませんが、学びのプロセスの適切性を見る「主体的に学習に取り組む態度」の評価が高くなってもよいはずです。つまり、授業時間に制限のある音楽科において、「主体的に学習に取り組む態度」の評価が高く「知識・技能」の評価が低い、という状況は十分にありえます。

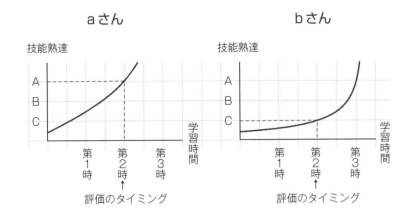

aさん

技能熟達

A
B
C

第1時　第2時　第3時　学習時間

↑
評価のタイミング

bさん

技能熟達

A
B
C

第1時　第2時　第3時　学習時間

↑
評価のタイミング

【主体的に学習に取り組む態度】は自らをモニタリングしながら学びを継続させる力を評価する観点であり，結果的に【技能】が身に付いているかどうかはこの観点の評価対象外。bさんが「いずれ技能が身に付きそうな適切な学習プロセス」を辿っているのであれば，評価のタイミングにおいて【技能】がCでも【主体的に学習に取り組む態度】がAになる可能性はある。

技能熟達と学習時間の関係性

　もちろんbさんのような生徒が多くいるようでしたら，授業で設定されている技能獲得の目標と授業で確保されている練習時間の関係性が不適切である可能性もありますから，題材の設定や年間指導計画を見直す必要がでてくるでしょう。しかし，bさんのようにCCAになる生徒がごく少数いたからといって，その学期の成績体系すべてを修正する必要はないように思いますし，言うまでもなくbさんの成績だけを修正しても意味がありません。上の図から明らかなように，**授業時間が限られているという実際的な制約と生徒それぞれの学習スピードや学習効率にばらつきがあるという事実を考慮すると，CCAのような極端な評価が出る可能性をゼロにすることは限りなく難しいと思います。**このあたりは，管理職の先生方ともよく相談していただき，場当たり的な対応をするのではなく長期的な視点で今後の授業を改善する，という形で対応するのがよいでしょう。

　以上に「やる気はあるが能力がない生徒」への救済措置として「主体的に学習に取り組む態度」の評価を高くすることが妥当かどうか論じました。まずは「主体的に学習に取り組む態度」が「やる気」ではないという基本原則を押さえた上で，「主体的に学習に取り組む態度」の主旨にあった対応をしていただくのがよいでしょう。

2 「能力があるから練習しない生徒」をどう評価する？

　上の節では，「適切に学びに向かっているが『知識・技能』等がなかなか身に付かない生徒」の評価について解説しました。ここでは逆に，「『知識・技能』等が既に十分に身に付いているからこそ授業中に学習に向かおうとしない生徒」の評価について考えてみたいと思います。

　本書において，筆者は「主体的に学習に取り組む態度」について学習方略の活用状況を見取

ることで評価してはどうか，という提案をしてきました。「主体的に学習に取り組む態度」は
自らの学習を改善しようとする姿そのものですから，学びの環境を整えたり練習方法を工夫し
たりする行為自体を見取れば「主体的に学習に取り組む態度」を評価することは可能です。こ
れは「主体的に学習に取り組む態度」の理論基盤になっている自己調整学習等を参照すれば妥
当な考え方であることが理解できます。

　そうすると，読者の方の中には，そもそも能力のある生徒が学習方略を十分に試さない可能
性を懸念される方もいらっしゃるのではないでしょうか。「**その題材で獲得を目指している
『知識・技能』等をはじめから持っている生徒は『主体的に学習に取り組む態度』を十分に発
揮する必要性を感じないのではないか**」という疑問ですね。これは評価規準や基準の設定以前
に，「主体的に学習に取り組む態度」という評価の観点に内包されている問題だと言えます。
先程の項では観点別学習状況がＣＣＡになることはあり得るのかどうか検討しましたが，今回
はＡＡＣのような評価をどう捉えるのか，というテーマです。「主体的に学習に取り組む態度」
が「知識・技能」や「思考力・判断力・表現力」の獲得に向けて発揮されるのだとしたら，
「知識・技能」等の資質・能力をすでに獲得している生徒の「主体的に学習に取り組む態度」
はどのように評価すればいいのでしょうか。

どうせ課題は余裕だ
からと授業中は退屈
にしている

　これに対する最も本質的な解決策は，**獲得が目指される「知識・技能」「思考力・判断力・
表現力」の上限を開放すること**だと筆者は考えています。例えば，先程の節で例に挙げた「歌
詞の内容を生かした発音で歌う技能」にしても，突き詰めれば上限なく上達することが理論上
は可能です。多くの生徒に獲得を保証したいレベルを楽にクリアしている生徒でも，音大生や
プロの目線で考えればもっとこだわった表現を目指すこと自体は可能なはずです。音楽科で取
り扱う「技能」や「思考力・判断力・表現力」の多くは本来的に青天井に高めていくことがで
きます。したがって，授業で目標として提示されている「技能」を既に獲得している生徒が学
習方略を試そうとせず退屈そうにしていたら，「ここをもっとこだわってみたらいいんじゃな
い？」のように，上位の目標を提案してみてはいかがでしょうか。

　この場合，「技能」に関しては他の生徒と同様の評価規準と評価基準で評価するわけですか
ら，その生徒は授業のかなり早い段階で「十分満足できる」と判断されるＡの「技能」を有し
ていることになります。したがってその生徒に上位の目標を提示してＡのさらに上を目指すよ

うにさせたところで，「技能」の評価がA以上になるわけではありません。しかし，「主体的に学習に取り組む態度」については，「自らをモニタリングしながら学びを継続させる力」です。自分のスキルをメタ認知してさらなる上達へと向かい続けようとする力自体を評価しようとしているわけですから，能力の高い生徒についてもさらに上を目指して学習方略を実行し続けようとする姿を評価する必要がある，と言えるでしょう。

　逆に，その生徒がより上位の目標と自分の実力との差を認知した上で学びを継続できないのであれば，「技能」は十分でも「主体的に学習に取り組む態度」は十分ではない，と判断して差し支えないと思います。例えば，学外での音楽経験が豊かで，「知識・技能」や「思考力・判断力・表現力」が授業開始時点でAだと判断される生徒に対して，教師が「もっとここを突き詰めて練習してみたら？」と上位の目標を提示したとします。その生徒が教師から提示された上位の目標に向かって一切練習しようとしなければ，「知識・技能」等はAでも「主体的に学習に取り組む態度」がCになる可能性はあるでしょう。すなわち，観点別学習状況がＡＡＣになるような場合も理論的にはあり得るということになります。「知識・技能」「思考力・判断力・表現力」が十分にあるからといって，それに付随して「主体的に学習に取り組む態度」の評価が高くなるような評価実態は観点の主旨に反しますから，ＡＡＣのような評価も当然起こりうるでしょう。

　もちろんこのようなケースを積極的に生み出したいわけではありませんので，教師はよくできる生徒が「主体的に学習に取り組む態度」を発揮できるような余白を授業の中に組み込んでおくことが重要です。指導案を作成したり授業を構想したりする時，教師は「知識・技能」や「思考・判断・表現」がCになりそうな生徒に対する支援について思いを巡らせます。もちろんそれも非常に重要なのですが，「知識・技能」や「思考・判断・表現」がともにAになりそうな生徒は，上位の目標がなければ「主体的に学習に取り組む態度」を発揮する余地が全くないことになってしまいます。可能な範囲でちょっと難しい課題を準備しておく等の対応が望ましいでしょう。

▶▶▶　上位の目標を準備できない時は……

　とはいえ，現場の先生方は多忙を極めています。「知識・技能」等がCになりそうな生徒への対応だけで手一杯で，「知識・技能」等が十分に身に付いている生徒のためにエクストラの課題を準備するなんて非現実的だと思われるかもしれません。その場合は，「他の生徒に対して適切な学習方略を提案する姿」を観察して「主体的に学習に取り組む態度」を評価する，というロジックを準備しておくことで説明責任を果たすというのも悪くないように思います。

　「主体的に学習に取り組む態度」は学びに向かう力そのものであり，その実態は「自分で自分をレッスンする力」でした。「主体的に学習に取り組む態度」を十分に身に付けている生徒は，目標を調整したり，学習方略を多角的に活用したりしながら，自ら学ぶことができます。

すなわち学び方を知っているのです。したがって，他の生徒が課題でつまずいている時に，その原因を探ったり適切な練習方法を提案できたりするような生徒は，「主体的に学習に取り組む態度」を身に付けていると評価してもよいでしょう。本来であれば，「主体的に学習に取り組む態度」は自身の資質・能力の獲得に向けて発揮され，その過程で伸長してくものですが，「知識・技能」や「思考力・判断力・表現力」が十分に身に付いていて授業中にそれらの資質・能力の獲得に向かう必要がない場合，「学び方」に関するスキルを他者に対して発揮している姿を評価しても悪くないよう思います。つまり，友人の演奏を聴いて適切に原因帰属したり，適切な学習方略を提案したりできていれば，その生徒は「主体的に学習に取り組む態度」の２つ目の側面である「②自らの学習を調整しようとする力」を持っているはずだ，という判断です。

　この対応策は本来の「主体的に学習に取り組む態度」の主旨とは異なります。「知識・技能」がはじめから十分に身に付いてる生徒に対してはより上位の目標を提示した上で，自分自身で学習方略を実行している姿を評価するのがやはり妥当です。しかし，現場の実態に則さない評価の理想論を語っても意味がありません。例えば，「知識・技能」や「思考・判断・表現」がCになりそうな生徒が多いクラスの中に，学外で十分な音楽経験があり音楽の授業では周囲のサポートに回ってくれるような生徒が１人いたとしましょう。教師はCになりそうな生徒への対応で授業準備も授業中も手一杯で，音楽経験の豊富な生徒に上位の課題を提示する余裕なんてない，というような状況は容易に想定できます。そのような状況で，いわゆるできる生徒に対して「自分ができるようになったら困っている生徒を助けてあげてね」という指示を出して，その姿を評価してもよいのではないでしょうか。もちろんこのような対応はその生徒と周囲の生徒の人間関係に依存するので，この提案は一つのアイディアとして臨機応変に活用していただきたく思います。

　本章の冒頭でも説明したように，評価において重要なのは授業改善と生徒へのフィードバックであり，評価について生徒や保護者に対して説明責任を果たせるということです。評価の体系について学習指導要領に準拠する形で教師がロジカルに説明できるかどうかが問われている，と言えるでしょう。例えば，保護者や管理職から，上述したような評価の運用をしたことに対して異論を出されたとします。その場合，教師が「『主体的に学習に取り組む態度』は学習方略の活用の程度で評価することになっている。その上で，この生徒は自分自身にではなく他の生徒に対して学習方略の活用方法を提示していた。他の生徒と同様の規準ではないが学習方略に関する知識を持っていることは実証されているので，『主体的に学習に取り組む態度』の主旨を考えるとAの評価で妥当である。また，そのような運用をすることでクラス全体の学びも最大化されると判断した」と説明できればよいのだと思います。

　繰り返しになりますが，評価についての考え方は現場で運用できてこそ価値があります。ローカルな現場で柔軟な評価をするには，教師自身が論理的な思考で評価を捉える必要があると

言えるでしょう。本書で紹介する筆者の論理展開をご活用いただき，先生方自身で評価に関する強固なロジックを構築していただければ幸いです。

3 「主体的に学習に取り組む態度」と合唱コンクールの関係性

　文化祭等でクラス対抗の合唱コンクールを実施し，その練習を音楽科の授業時間に行っている学校は多いのではないでしょうか。合唱コンクールの是非については色々と思うところがありますが，ここでは合唱コンクールという行事が「主体的に学習に取り組む態度」を育て，評価し得る構造になっているかどうか考えてみたいと思います。もちろん，合唱コンクールと一口に言っても個別の指導実態は様々です。本番に向けての練習のプロセスが資質・能力を育てうるかどうかは毎回の授業の内容を精査しなければ，判定できるはずもありません。しかし，合唱コンクールで勝つために練習し，それを目指してステージ上で演奏し，評価される，という一連のプロセス自体の教育的効果については論じることができそうです。

合唱コンクールの一連のプロセスは「主体的に学習に取り組む態度」を涵養できるか

　結論から述べましょう。筆者は，合唱コンクールに内在する一連のプロセスは，自己調整学習の観点から見た時「主体的に学習に取り組む態度」を涵養することに向いていない，と考えています。その理由について，「動機づけの問題」と「原因帰属の問題」に分けて説明してみます。

▶▶ 動機づけの問題

　そもそも合唱コンクールをやる意味はなんでしょうか。筆者の周りで教師をしている友人に話を聞くと，音楽科教員の意図に関わらず合唱コンクールは学校行事の一つとして慣例的に実施されているところが多いようです。そして，学校側が合唱コンクールを実施する理由として挙げられるのは「生徒たちにやる気を持って音楽をさせるため」等のようです。生徒に「やる気」を持たせたい，ということは，そのような学校ではおそらく多くの生徒が普段は合唱にそこまでやる気を持っていない，ということなのでしょう。では合唱という音楽的行為にコンク

ールとしての競技性を付与することで生徒の「やる気」は喚起されるのでしょうか。

　本書をここまで読んでいただいた読者は，これが典型的な外発的動機づけを喚起しようとする営みであることに気づいたと思います。しかも，外発的動機づけの中でも最も自律性の低い外的調整，あるいは取り入れ的調整に該当する動機づけを誘発しようとする発想です。つまり，「どうせコンクールに出なきゃいけないんだから嫌だけどやるか」という外的調整，もしくは「コンクールで下手な成績を取るのは恥ずかしいから頑張るか」という取り入れ的調整です。端的に言えば，合唱を合唱コンクールにすることで喚起されるのは「合唱という音楽的行為に対する内発的動機」ではなく「コンクールでの優勝という外的報酬の獲得に対する動機」もしくは「コンクールで下位になるという恥の回避に対する動機」である，ということです。普段合唱に対して興味のない子どもがコンクールという外的要因によってインスタントに合唱それ自体に内発的動機を持つような事態はあまり想定できません。

出なきゃいけないから
嫌だけどやるか…

ビリだったら
恥ずかしいな…

外的調整と取り入れ的調整

　自己決定理論によれば，自律性の低い外発的動機づけは活動の中で内発的動機づけに近づけることができる，とされています。したがって，コンクールの練習に強制的に参加させることで合唱の楽しさを無理矢理にでも体験させることができれば，合唱という音楽的行為に対する内発的動機を獲得させることができるかもしれません。しかし，そのためには教師や周囲の友人との慎重な関わりが必要になるでしょう。

　例えば，合唱に対して全く興味を持たず，歌おうともしない無動機づけの状態の生徒に対して，「合唱コンクールで負けたくないから歌って！」と周りの生徒が圧力をかけたとします。よくある光景ですね。その時，やる気のなかった生徒は，①周りの生徒から怒られるのは嫌だなと認識し，②「怒られたくないから歌うか」と気持ちを切り替え，③歌唱活動の中で技術を身に付ける，という推移を経るでしょう。これまでに用いた専門用語を活用して説明するのであれば，①負の報酬を認識し，②負の報酬を回避するために取り入れ的調整を内的に行い，③課題曲を歌うのに必要な「知識・技能」を身に付ける，というプロセスになります。

　この時，負の報酬を回避するために始めた練習の中で，「合唱することって楽しい」と思わせることができればより自律性の高い動機づけに移行して学びを継続させることができるわけですが，普段から合唱に対してやる気のない生徒が負の報酬の回避を目的に始めた合唱で「合

唱することの楽しさ」に気づくことは稀でしょう。例えば，合唱練習の課程で「自律性への欲求」が満たされるような場面，例えばその生徒が提案した表現が採用されるような場面があれば自律性の高い動機づけへと移行する可能性はありますが，「合唱コンクールで評価される表現をする」という営み自体，表現を工夫する余地が狭く，自律性が低い活動にならざるを得ません。再現芸術的価値観に依拠して集団でやる音楽表現である以上，各個人が「自律性への欲求」を満たすことにはそれなりのハードルがあります。そのような事情から，そもそも合唱に対して興味を持っていない生徒に対して取り入れ的動機づけを起こしたとしても，それがより自律性の高い動機づけへと移行する可能性はあまり高くないことが推察されます。

　さらに悪いことに，自律性の低い動機づけで技能獲得に望む生徒のパフォーマンスは相対的に低くなりがちです。したがって，採り入れ的調整でなんとか参加している生徒に対して周りの生徒が「もっと正しいピッチで歌ってよ！」とか「ここ間違えないで！」のような指摘をすることで，「有能性への欲求」も阻害されることになってします。合唱練習に教師が介入し，よっぽど上手にコミュニティ運営をしない限り，このような生徒が自律的に合唱練習に取り組むことはないでしょう。合唱を賞レースにすることで得られるメリットは「無動機づけの生徒が取り入れ的調整を起こす可能性がある」ことくらいであり，合唱表現という個人にとっての自己決定性の低い行為ではその取り入れ的調整が内発的動機づけに近づくことも考えにくい。となると，合唱を賞レースにすることで得られる教育的効果は総合的に見て薄いのではないか，というのが筆者の立場です。

▶▶ 原因帰属の問題

　合唱コンクールに内在するもう一つの大きな問題点は，「負の報酬を受け取ってしまった原因を個人が同定できない点」だと筆者は考えています。学校で行われる合唱コンクールの多くは，クラスごとに成績をつけ発表します。フィードバックはクラス全体に対して行われ，個人に対しては行われません。授業の歌唱活動に関しては練習プロセスを繰り返し観察したりグループごとの練習中に机間巡視しながら個別のパフォーマンスを確認したりすることが理論上可能ですが，合唱コンクールはステージで披露させる一回きりの演奏のみを対象に評価をすることになります。どんなに優れた音楽科教師でも，ステージでの演奏を客席から聴いただけで一人ひとりの生徒の歌声を確認することはできません。にも関わらず，どこかのクラスには相対的に低い成績をつけなければなりませんし，個人の生徒はその負の報酬を自分ごととして受け取ります。

　合唱コンクールでは当たり前のことすぎて問題視されることはあまりないかもしれませんが，低い成績をとってショックを受けた生徒にとってその理由がクリアに説明されないのは大きな問題です。生徒は負の報酬を自分ごととして受け止めるわけですが，合唱コンクールの結果だけでは具体的に自分の歌唱のどこが悪かったのか突き止めることができません。つまり，低い

パフォーマンスをしてしまった理由となる原因を探る
ことができないのです。例えば「○組に比べて△組は
ハーモニーが美しくなかった」というフィードバック
をクラス全体に与えられたとして，そのクラスの生徒
一人ひとりは今後どのようにして学びを改善していけ
ばよいのでしょうか。その生徒自身は人一倍ピッチに
気をつけて歌い，周囲の音に対して適切なピッチを取
るための適切な練習をおこなっていたかもしれません。
言わば，合唱練習を通して「主体的に学習に取り組む
態度」を適切に発揮して学習していたかもしれません。
そのような生徒が上記のようなフィードバックをもら
ったら，自分の学びのプロセスをむしろ悪かったもの

漠然としたフィードバックでやる気をなくす

として自己評価してしまうでしょう。そのようにして生徒の自己調整能力に関する認識が混乱
してしまえば当然学びのプロセスを適切に構築できなくなり，結果として「知識・技能」や
「思考力・判断力・表現力」の獲得にも支障を来す可能性が出てきます。最終的に，学習性無
力感に陥ることは容易に想像できます。もちろんこれはある種最悪のケースですが，個人的に
は看過できないリスクであるように思います。

　自己調整学習の説明でも取り上げたように，学習者が「主体的に学習に取り組む態度」を効
果的に発揮・伸長させるためには，つまずきの原因をきちんと見つけること，すなわち原因帰
属を適切に行うことが重要になります。これがうまくいかないと，不適切な学習方略を選択し
てまったり，目標の調整を誤ったりすることになってしまいます。**しかし多くの合唱コンクー
ルではステージでのパフォーマンスの部分が重点的にデザインされる一方で，その後のフィー
ドバックの重要性が見過ごされているように思います。**賞レースというある意味過激な外発的
動機づけを活用することのリスクを鑑みれば，演奏後のフィードバックを相当丁寧に行う必要
があることは自明のように思われますが，結局できるのはクラス全体に対するフィードバック
のみで，生徒個人のケアは難しいのです。そもそも，ステージで一回きりの演奏を聴いただけ
で，全ての子どもの学びを評価することはできません。にも関わらず，コンクールという形で
大々的に評価を可視化することには大きなリスクが伴います。特に「自分たちの演奏はとても
よかった」と思っている生徒たちの演奏が審査員によって低く評価された際，生徒は音楽に対
する自己効力感を失うでしょう。このケアを担任の先生に任せてしまうのも酷な話です。これ
らは「音楽をさせると低い確率で生じてしまう副作用」などではありません。「集団での音楽
表現をコンクールという競技にすることで高確率で起きてしまう現象」なのです。
　そもそも，音楽を完全に客観的な規準で公平に評価することは本来的に不可能です。変数が

多すぎて，評価規準をつくること自体に困難が伴います。そして，特定の規準にしたがってなるべく客観的な評価をするのにもスキルが必要です。全ての音楽科の教員が合唱表現を適切に点数化する能力を持っているわけではないでしょうし，他教科の教員が審査に加わる場合はもっと問題が生じるでしょう。合唱コンクールで，審査結果の発表を大々的におこなっているのを見ると，低評価をつけられたクラスの生徒の自己効力感はどうなってしまうのか，と思わずにはいられません。

▶▶▶ まとめ

　以上が，合唱コンクールが「主体的に学習に取り組む態度」の涵養に向いていない理由でした。第3章でも確認しますが，そもそも「良さや美しさ」は本来的に多元的であり，全ジャンルを包括する絶対的美のようなものは存在しません。したがって，いわゆる音楽コンクールは「特定ジャンルにおける良さや美しさ」という一面的な規準から演奏を評価する営みになります。音楽には多様な美の規準があることを普段から授業で教えているにも関わらず，西洋音楽的な美しさの規準で一様にジャッジしてその順位を公開するのですから，本来は非常にセンシティブなイベントです。また学内で全員強制参加のコンクールを実施するという建て付けを考慮すると当然ながら公正な評価が求められるわけですが，そもそも音楽表現を公正に評価することは非常に難しいです。このような相当困難な営みをやっているにも関わらず，「やる気を持って（内発的動機を持って）合唱に取り組ませたい」という狙いは本質的な意味では達成されにくい。「百害あって一利なし」とまでは言いませんが，メリットとデメリットのバランスがとれているようには思えません。

　どうしても何か音楽イベントを企画したいのであれば，コンクールではなく音楽フェスティバルにしたらよいのではないでしょうか。既存の楽曲を再現させるのではなく，生徒自身に編曲や作曲や即興演奏をさせ，ダンス等のパフォーマンス込みでステージを盛り上げるような，自己決定性の高いパフォーマンスに取り組ませる行事です。そして当然大人が順位をつけるようなこともしません。どうしても何か賞をつけたいのであれば，オーディエンス賞を取り入れる等の発想が必要になるでしょう。

　合唱コンクールというイベントは慣例的に実施されることも多いようですが，音楽科の授業時間を使って指導するからには音楽科で育てるべき資質・能力との兼ね合いを考慮する必要があります。その際，少なくとも「主体的に学習に取り組む態度」を育成するという観点からはあまり有用なイベントではなさそうですし，長期的に見ればリスクも存在します。一度慣例になったイベントを取りやめるのにはエネルギーが必要ですが，合唱をコンクールにすることが本当に必要なのか，改めて考えてみてもいいかもしれません。本書の提案をその際の議論のたたき台としてご活用いただければ幸いです。

4 ワークシートで「主体的に学習に取り組む態度」を評価できる？

　筆者のところによく寄せられる質問として，「ワークシートで『主体的に学習に取り組む態度』を評価するのは適切ですか？」というものがあります。現場の先生方はどのように対処しているでしょうか？

　これまでに確認してきたように，「主体的に学習に取り組む態度」とは「自らをモニタリングしながら学習を継続させる力」です。より細かく説明すれば「①『知識・技能』や『思考力・判断力・表現力』を粘り強く獲得しようとする力」と「②自らの学習を調整しようとする力」の2つで構成されています。したがってこの観点の本来の趣旨は学びのプロセス自体を評価しようとするものです。一方ワークシートやペーパーテストは一般的には生徒の「知識・技能」や「思考力・判断力・表現力」が結果として身に付いているかどうかを判断するためのツールとして用いられることが多いようです。では，そのようなツールを使って「主体的に学習に取り組む態度」を評価することは可能なのでしょうか？

　実際，ワークシートを使って「主体的に学習に取り組む態度」を評価している先生は少なくないようです。そのような事例を広範に調査したわけではないのですが，ワークシートで「主体的に学習に取り組む態度」を評価する際の考え方としては，「時間さえかければ必ず達成できそうな課題」を与え，ちゃんとやっていれば「主体的に学習に取り組む態度」があると捉える，というものが多いように感じました。例えば，音楽記号の意味を回答させるワークシート等がそれに該当します。音楽記号の意味は教科書に掲載されていますから，教科書を開いて該当ページを見つけ，それを機械的に写していけばその課題を達成することはできます。その提出をもって「主体的に学習に取り組む態度」を評価する，という考え方は果たして妥当でしょうか？

▶▶ 従来型のワークシートは「資質・能力を粘り強く獲得しようとする力」を評価していると解釈できる

　先述したように，主体的に学習に取り組む態度は「①『知識・技能』や『思考力・判断力・表現力』を粘り強く獲得しようとする力」と「②自らの学習を調整する力」の2つで構成されています。したがって，「ワークシートを使って『主体的に学習に取り組む態度』を評価できますか」という質問に対する回答のポイントは，ワークシートを使ってこれら2つの側面をきちんと評価できるのか，という点になります。例えば，「音楽記号の意味」は「知識・技能」という資質・能力における「知識」に該当するといってよいでしょう。そうなると，生徒は上述のワークシートに取り組むことで「音楽記号の意味」という「知識」の獲得あるいは定着に向かっていると言えます。その前提の上で，このワークシートを完成させるためには粘り強い取り組みが必要だと解釈される場合，つまり，ちらっと教科書を見てサクッと終わるような課

題ではなく，ある程度時間をかけて粘り強く努力しないと達成できないような課題だと解釈されるのであれば，完成したワークシートの提出をもって「主体的に学習に取り組む態度」のうちの①「『知識・技能』や『思考力・判断力・表現力』を粘り強く獲得しようとする力」がある，と評価してもよいかもしれません。これまでにも強調してきたように，「時間さえかければ解ける問題に取り組んでいるということは音楽科の授業にやる気があるということだから『主体的に学習に取り組む態度』を高く評価してよい」のではなく，「この課題を提出できているということは『主体的に学習に取り組む態度』のうち①の『粘り強く獲得しようとする態度』を発揮しているということだから『主体的に学習に取り組む態度』を高く評価してよい」という解釈です。「やる気＝主体的に学習に取り組む態度」ではない点に留意しつつ，この評価の観点の趣旨に即した評価をしながら説明責任を果たす準備をしておくことが重要です。

　したがって，そのような立場でワークシートを運用する場合，「**音楽記号の意味を正確に書けているかどうか」は「主体的に学習に取り組む態度」の評価の対象外にすべきかもしれません**。「主体的に学習に取り組む態度」における「①粘り強く獲得しようとする力」は，あくまで「獲得しようとする」であって「獲得できている」ではないからです。正確な知識を獲得できていなくても，ワークシートに粘り強く獲得を目指した痕跡が見て取れれば「主体的に学習に取り組む態度」における「①粘り強く獲得しようとする力」を高く評価してよいでしょう。

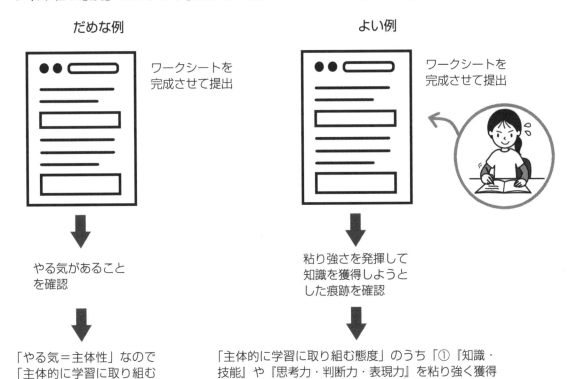

ワークシートで「主体的に学習に取り組む態度」を評価するには……

▶▶▶ 「自らの学習を調整しようとする力」を評価するためのワークシートについて考える

　しかし，そのような解釈をしたとしても，このワークシートでは「主体的に学習に取り組む態度」を構成する2つめの側面，すなわち「②自らの学習を調整する力」を評価できないことになります。もちろん，特定の知識を粘り強く獲得しようと取り組むためには自らの学習を調整する必要が一定程度ありますから，両者をきれいに分断することはできません。例えばですが，教科書に掲載されている情報をワークシートに書き写す際に，「この10分で最初のページだけ終わらせよう」と考えて短期目標を設定していれば，それは自己調整学習でいうところの予見段階において妥当な振る舞いをしていることになります。したがって，ワークシートを完成させて提出したということは「②自らの学習を調整する力」を駆使しながら学習にと取り組んだ可能性があることは否定できません。

　しかし一方で，教科書の知識を丸写しするような単純作業は「②自らの学習を調整しようとする力」をほとんど発揮しなくても達成することが可能でもあります。場当たり的に時間さえかけて作業をすれば空欄を埋めることができるわけですから，YouTube で動画を見ながら思考停止で作業をしていても課題を終えることは一応できてしまいます。この可能性を否定できない限り，ワークシートの提出をもって「②自らの学習を調整しようとする力」を評価することはあまり適切ではないように思います。

　そもそも自己調整学習のスキルはまさに学んでいる最中に発現するものです。例えばワークシートに取り組んでいる最中の様子を観察するのであれば「②自らの学習を調整しようとする力」を評価することは可能でしょう。しかし，例えば宿題等で生徒の作業自体を観察できない状況で作成されたワークシートで「主体的に学習に取り組む態度」を2側面からバランス良く評価するのは少々難しいといえます。同様に，期末テストで特定の「知識」を問う問題に回答させて「主体的に学習に取り組む態度」を評価するのも非常に難しいでしょう。学習プロセスの妥当性を評価するための評価の観点なのですから，本来は学習をリアルタイムで観察しながら評価していくことが望ましいと言えます。

　とはいえ，「主体的に学習に取り組む態度」の評価を全て授業中の観察に依存することに違和感を覚える先生方もいらっしゃるのではないかと推察します。**教科教育に限った話ではなく，現代ではアカウンタビリティ（説明責任）至上主義と言ってもいいくらい，物事の根拠を可視化することが強く要求されます。**本来であれば，「評価規準に基づき授業中の観察を通して評価しました」という説明で十分なはずですが，それでは納得してくれない生徒や保護者が多いことも事実でしょう。そのような事情を勘案し，「評定のわかりやすい根拠」としてワークシートという物的証拠を残すという発想に至ることは理解できます。しかし，先程述べたように，「主体的に学習に取り組む態度」は学習プロセスの妥当性を評価する観点なのであって学習の成果を評価する観点ではありません。では，ワークシートを使って学びのプロセスを評価するという矛盾をどう克服すればいいのでしょうか。

このような現実的な問題に対する絶対的正解を文部科学省側が提示してくれているわけではありません。したがって、ベストな回答を提示することは難しいのですが、ベターな代替案を提示することは可能です。**例えば授業中の観察に加えてワークシートも活用し、「ワークシートの中に自己調整学習のプロセスを可視化させるような設問を作る」という方法で現状を多少改善してみてはいかがでしょうか。**簡単に言えば、授業中に配布する「目標・振り返りシート」のようなワークシートに適切な設問を作ることで「主体的に学習に取り組む態度」の評価の素材にする、という発想です。

　例えば、リコーダーの技術獲得をさせる授業で、次のようなワークシートを配布したとします。

リコーダー練習ノート

組　　番　名前

(1)　今日はリコーダーで〇〇という曲を練習します。今日の目標と実際にやりたい練習を具体的に書いてください

目標：

練習方法：

(2)　実際にどんな練習をしましたか？

(3)　練習した結果、最初から最後まで演奏できるようになりましたか？それともまだできないところはありましたか？もしまだできないところがあれば、どこがどんなふうにできないのか具体的に書いてください。
（できた・できないところがある）

(4)　(3)で「できないところがある」と答えた人は、次回どんな練習をすればできるようになると思うか書いてください。

このワークシートは，「主体的に学習に取り組む態度」を構成する2側面のうち，「②自らの学習を調整しようとする力」を評価することを目的にしたものです。(1)については，自己調整学習における予見段階において適切に目標や練習方法（学習方略）を想定できているかどうかを問うています。目標や練習方法の欄に，「頑張って練習する」のように抽象的に記入している生徒より，「最初の4小節を中心にゆっくり練習する」のように具体性のある文章を書いている生徒の方が，自己調整学習の観点からは上級者であると評価することができます。(2)の実際に行った練習についての記述に関しても，妥当だと思われる学習方略が記入されていた方が学びのプロセスの適切性を評価できるでしょう。例えば，「リコーダーで音を出す前に音名で歌ってリズムを確認してみた」とか「音を出さず運指だけ確認してみた」等はリコーダーの技術習得をする上で効果的だと思われる学習方略です。(3)については自身の練習をきちんとモニタリングできてるかどうかを問うています。個人練習中に机間巡視しながら生徒の練習の様子をなんとなく把握しておくことができれば，ここで生徒が自身の学びの進捗状況を適切に捉えることができてるかどうか，確認することができます。また，机間巡視で全ての生徒の進捗状況を把握できない場合でも，(4)と合わせることで今後の学習計画を適切に立てることができているかどうかを測ることはできるでしょう。

▶▶▶ 学習方略を「実行できる」と「知っている」の違い

　ここで問題になるのが，「適切な学習方略を知識として知っている」という状態と「『主体的に学習に取り組む態度』がある」という状態を同一視してよいのか，という点です。例えば，上に例示したワークシートの(2)では，適切な学習方略を記入できているかどうかを評価の対象にしようとしいるわけですが，適切な学習方略を知識として知っている生徒がその学習方略を実行して自らの学びを実際に調整したかどうかは厳密はわかりません。つまり，リコーダーで演奏する曲の楽譜を見て「この曲で難しそうなのはサミングが出てくるこの小節だな。ワークシートにはここを重点的に練習したいと書いておくか」という発想でワークシートを埋め，実際には練習しない，という生徒が一定程度出てきてしまえば，本来的な意味で「主体的に学習に取り組む態度」を評価することは難しくなるでしょう。そのような生徒は「主体的に学習に取り組む態度」というよりもむしろ楽曲の構造とリコーダーの技術的難しさを関連づけた高度な「知識・技能」を発揮している，と評価すべきなのかもしれません。

　しかし，そのような懸念点があったとしても，ワークシートで部分的に「主体的に学習に取り組む態度」を評価する方法を提案することには一定程度の価値がある，と筆者は考えています。それほどまでに，今日のアカウンタビリティ至上主義は強力だからです。「主体的に学習に取り組む態度」の趣旨に即して考えれば，評価の手段としては授業中の観察がメインになるはずですが，観察だけでは根拠として薄い，と言われてしまう現状が少なからずあるようです。また，教師一人で30人以上の生徒を相手にするような授業の場で，生徒の学びのプロセスを観

察で見取ることが困難なことも場合によってはあるでしょう。ワークシートという物的な根拠がそれらの問題をスムーズにクリアさせてくれるのだとしたら，ベストではないにしてもベターな方策だと筆者は考えます。そして，従来型の「文章をたくさん書いている＝やる気がある＝『主体的に学習に取り組む態度』を高く評価する」というワークシートの運用よりも，「主体的に学習に取り組む態度」のうち「①粘り強く獲得しようとする力」は観察で見取り，「②自らの学習を調整する力」についてはワークシートで評価する，という折衷的な運用の方がこの評価の観点の趣旨に即していると言えるでしょう。

	観察法のみ	従来型ワークシート	今回提案した複合型
概要	授業中に生徒の学習している様子を見て，「①粘り強く獲得しようとする力」と「②自らの学びを調整しようする力」を総合的に勘案する	時間さえ投下すれば誰でもこなせる課題を解かせることで，音楽科における知識を「①粘り強く獲得しようとする力」を評価する	授業中に生徒の学習している様子を見て「①粘り強く獲得しようとする力」を観察法で評価しつつ，ワークシートに「②自らの学びを調整しようする力」を評価しうる設問を立て総合的に評価する
メリット	学びのプロセスを評価するという観点の趣旨に合っている	運用が容易。また，説明責任を果たすのが容易。※下記のデメリットを含めて説明することは難しいが，それを無視すれば保護者や子どもに納得はしてもらいやすい	部分的に説明責任を果たしやすい。また，従来型のワークシートよりも「主体的に学習に取り組む態度」の観点の趣旨に即した評価ができる
デメリット	物的根拠がないため，生徒や保護者との十分な信頼関係が気づかれていない場合には説明責任を果たしづらい。また全ての生徒を観察することが難しい場合もある	「②自らの学びを調整しようする力」を評価できていない	「②自らの学びを調整しようする力」を実際には運用できなくても，適切な学習方略に関する知識を持っていれば，評価されるワークシートの回答を作成できてしまう

表　ワークシートを活用した「主体的に学習に取り組む態度」の評価

以上がワークシートを使って「主体的に学習に取り組む態度」を評価するためのアイディアです。もちろん上に例示したワークシートでは「①粘り強く獲得しようとする力」の方は評価することはできませんので，いずれにせよ授業中の観察と合わせてワークシートを活用するのが実際の運用のイメージになると思います。

　繰り返しになりますが，「主体的に学習に取り組む態度」の評価は学習プロセスの妥当性を評価するものですので，本来は観察法が観点の趣旨に合った評価方法だと思います。したがって，長期的に考えれば，教科担任と管理職と保護者と生徒の間で信頼関係を形成し，「評価規準に則り観察法で評価しました」という教科担任の主張が認められるのが理想的だと思います。しかし，そのような理想的な状況に至る前段階として，ワークシートを効果的に活用する場面があってもよいでしょう。本書の提案がそのような現場の事情に役立てば幸いです。

28　国立教育政策研究所（2019）『学習評価の在り方ハンドブック 小・中学校編』p.4
29　国立教育政策研究所（2020）『「指導と評価の一体化」のための学習評価に関する参考資料』，p17
30　国立教育政策研究所（2020）『「指導と評価の一体化」のための学習評価に関する参考資料』，p.7-8
31　国立教育政策研究所（2020）『「指導と評価の一体化」のための学習評価に関する参考資料』，p.55
32　文部科学省（2019）「別紙4 各教科等・各学年等の評価の観点等及びその趣旨（小学校及び特別支援学校小学部並びに中学校及び特別支援学校中学部）」『小学校，中学校，高等学校及び特別支援学校等における児童生徒の学習評価及び指導要録の改善等について（通知)』p.14
33　伊藤崇達（2009）『自己調整学習の成立過程』北大路出版，pp.83-84
34　中央教育審議会（2019）「児童生徒の学習評価の在り方について（報告)」p.12

（第 3 章）

「主体的に学習に取り組む態度」
を涵養する

1 音楽科教育の特殊性

1 従来型の授業は「主体的に学習に取り組む態度」を育ててきたか

　ここまでに「主体的に学習に取り組む態度」がどのような資質・能力なのか，そしてそれをどのように評価するのか，文部科学省側の見解や，自己調整学習，自己決定理論等バックグラウンドとなる理論を参照しながら論じてきました。「主体的に学習に取り組む態度」は「学びに向かう力」という資質・能力を評価する観点であり，「自らをモニタリングし学びを継続させようとする力」と定義することができます。では，そのような力を音楽科の授業でどのように育成すればよいのでしょうか。

　「主体的に学習に取り組む態度」は自律的な学習の時間において発揮され，涵養されます。逆に言えば，目標があらかじめ固定されており，学習方略について生徒自身に工夫させる余地がなく，結果的に「提示された目標を達成できたかできていないか」のみを教師が判定するような授業では，「主体的に学習に取り組む態度」は育ちにくいと言えるでしょう。

　このような前提を踏まえると，数学科や理科等明確な正解のある他教科と比較して，音楽科は「主体的に学習に取り組む態度」の育成に向いている科目のように思えます。**しかし，音楽科はクリエイティブな領域を取り扱う教科のように見えて，授業の実態としては自律性の低い学習プロセスを強制するものになりやすいものです。**例えば，「歌詞や旋律の形に注目して《翼をください》の歌唱表現を工夫してみよう」という題材の授業があったとします。目標は題材名のとおり，「歌詞や旋律の形に注目した歌唱表現を工夫すること」です。資質・能力ベースで説明すれば，歌詞の内容に合わせて「こんな表現をしてみよう」と発想する「思考力・判断力・表現力」と，それを実際に歌唱で実践する際の「技能」を育てることが目標になります。よくある一般的な歌唱の授業の流れだと思います。このような授業において，「主体的に学習に取り組む態度」，すなわち「自らをモニタリングしながら学びを継続させる力」が発揮・伸長されるような機会は存在するのか，具体的に検討していきましょう。

　まず，第1時の段階で行われる音取りにおいて，生徒は目標設定に自ら関与したり，目標を階層化させたりする余白が設定されているでしょうか？　あるいは，そのような目的調整に関する心理的営みを実行しようとするために必要な「《翼をください》を音量表現に注目して歌えるようになりたい」という内発的動機を持っているでしょうか？　もしくは「音量表現に注目して歌うことは自分にとって重要だ」という同一化的調整が起きているでしょうか？　あるいは，「今日の音取りの時間では最初のフレーズだけしっかり取れるようになろう」のように

題材名：歌詞や旋律の形に注目して《翼をください》の歌唱表現を工夫してみよう

指導計画

第1時：音取り
- ●この単元で《翼をください》を二部合唱で歌うことを伝える
- ●強弱記号を消した楽譜を配布する
- ●声部ごとに音取り
- ●合わせてみて確認

第2時：音量表現の工夫
- ●前時の復習
- ●発問「歌詞を見ながら適切な音量表現を工夫してみましょう」
- ●グループごとに歌詞カードに強弱を書き込む

第3時：発表と合奏
- ●グループごとにアイディアを発表
- ●強弱記号の入った楽譜を配布し，作曲者の意図を確認
- ●全員で合唱

階層的な下位目標を設定することができるような授業の進行になっているでしょうか？　おそらくそうなっていないことがほとんどでしょう。動機が不十分な生徒にとっては学習を粘り強く継続させることが非常に困難になりますし，自己調整学習における「予見段階」に照らして考えれば，このようなタイプの授業では子どもが自らの学習を調整する余白があまりありません。

　第2時は，グループで音量表現を工夫する時間になっています。一見すると自律性の高い学習活動に見えますが，ここで生徒が自律的に工夫をしようとできるかどうかは日頃の授業の構造に依存している点に留意しなければなりません。例えば，生徒がグループごとに考えた表現が十分に尊重され，最終的に第3時の合唱で生徒たちのアイディアが採用されることが確定しており，生徒もそのことを把握している，というサイクルが日常的に確立されているのであれば，グループごとの表現を工夫する際にも積極的に取り組むことができるでしょう。しかし，今回の指導計画の第2時から第3時の流れのように，一応生徒に工夫させはするが最終的には作曲者が決めた音量表現で演奏する，という流れが慣例になっていれば，生徒は自律的に工夫

することはなくなるでしょう。あるいは，生徒は「教師が暗に求める正解」を探すようになり，生徒自身が創造的な工夫をすることはなくなるでしょう。「自分達が表現を工夫しようがしまいが授業の結論は変わらない」，という学習性無力感に陥っているからです。

　この題材で実践される学習活動には，生徒が「自らをモニタリングしながら学びを継続させる力」を発揮・伸長する場面が積極的にデザインされていない，と言わざるを得ません。もちろん，単純な音取りの作業でさえも，「この練習の時間で最初の4小節の音だけは確実に取るぞ」のような短期目標を設定し，効果的な学習方略を選択することは可能ですから，「主体的に学習に取り組む態度」が全く育たないわけではありませんが，「主体的に学習に取り組む態度」を積極的に涵養できるタイプの授業でないことは確かです。音楽科というクリエイティブな領域において，なぜこのような固定的な学習活動が慣例化してしまうのでしょうか。それは，これから述べるように，音楽科が「文化の継承」を暗に目的化してきたからなのです。ここでは，音楽科で「主体的に学習に取り組む態度」を積極的に育もうとする際に持つべき視点について説明したいと思います。

2　音楽科教育はこれまで「良さや美しさ」を継承させてきた

　1900年代初頭，明治後期の日本は「近代化＝西洋化」が一つのテーマでした。「西洋列強に近づくためには社会制度だけではなく文化も西洋化しなければならない」という発想で，西洋音楽を中心とする教育が行われていたとされています。しかし1947年に「学習指導要領・音楽編（試案）」が公表されて以降，日本の音楽科教育は徐々に変化していきます。西洋音楽の教え込みを中心とする注入教授は見直され，子どもたちの主体性にフォーカスした授業の重要性が強調されるようになりました。それに伴い，西洋以外の音楽が教材に組み込まれるようにもなりました。現在の音楽科の教科書には様々な音楽が掲載されています。西洋の偉大な作曲家の作品やそれに影響を受けた西洋音楽風の合唱曲に加え，雅楽やガムラン，ロックや民謡まで，多様なジャンルの音楽が学校で学ばれるようになりました。世界中の全ての音楽を網羅することは到底できませんが，それでも西洋音楽一辺倒だった時代の学校教育に比べれば，はるかにダイバーシティに配慮した内容になったと言えます。

　このように振り返ると，音楽科は時代の要請に応じて教材や指導方法を柔軟にアップデートしてきたように見えます。しかし，方法論の変化はあっても，肝心の学習内容については実はあまり変わってきていないのです。**ここで我々は，教材と学習内容の違いについてあらためて意識しなければなりません。**教科書に掲載された多様な楽曲や音楽実践の事例はあくまで教材であり，学習内容そのものではありません。生徒はそれらの教材を通して何らかの学習内容を学んでいることになります。では，音楽科における学習内容とは何でしょうか？

　現行の学習指導要領では再び共通事項が設定されるようになったこともあり，音楽科では

「音楽を形づくっている要素」に注目させることがますます重視されるようになりました。「音楽を形づくっている要素」とは，旋律や形式といった楽曲構造を支える役割に言及するものから，音高や音色といったよりミクロな音のパラメータに言及するものまで様々ですが，簡単に言えば「音という現象それ自体」だと言うことができます。音楽科では歌詞のイメージについて話し合ったり，楽曲の歴史的背景を想像させたりしがちですが，それらの活動は結局，音それ自体に対する視座につながらなければ音楽科という教科の特質に根ざした学びを提供していることにはなりません。今回の指導要領で追加された「音楽的な見方・考え方」という言葉は，そのような音それ自体に注目した授業づくりの重要性を改めて強調していると捉えてよいでしょう。

しかし，「音楽を形づくっている要素」それ自体が学習内容なのであれば，わざわざ過去に作られた素晴らしい楽曲を使用する必然性はありません。例えばですが，「音色の違い」について学ばせたいのであれば，《トランペット吹きの休日》と《クラリネットポルカ》を聴き比べさせたりしなくても，トランペットとクラリネットでそれぞれ演奏したCの音のロングトーンを聴き比べれば済んでしまいます。もっと極端に言えば，壁を叩いた音と床を踏み鳴らした音を聴き比べる等の学習活動でも音色の違いについて理解できるでしょう。「音の高さの違い」に注目させたいのであれば，複数のコップに様々な量の水を入れ，順番に叩いていくような活動をさせれば生徒は体験的に音高の概念を学べてしまいます。**極端に言えば，「音楽を構成する要素」を最も効率的に教える方法は，物理現象としての音を生徒に提示する，というものになってしまうのです。**しかしそのような授業はあまり実際的ではありませんし，音楽の本質を十分に捉え切れていないように感じられるでしょう。音楽科は「物理現象としての音」を取り扱いながらも，その先の「何か」を学習内容として教えようとしてきた，と言えるでしょう。

音楽科が学習内容にしてきたその「何か」とは，端的にいえば「良さや美しさ」です。より学術的な言葉を用いるのであれば，「美（aesthetics）」と呼ばれる概念です。音楽科は，楽曲を教材にして様々な「良さや美しさ」について教えてきた，と言えるでしょう。例えば，「ソナタ形式」について教えるのは，そのような主題の提示の仕方が西洋音楽史上で「美しい」とされてきたからです。三味線のサワリについて教えるのはそれが三味線文化の中で「良い」とされてきたからです。共通事項で言及される音高の概念を教えるために水の入ったコップを用いないのは，物理現象と音楽の間に重要な差異があるからでしょう。音楽科が対象とする学習内容と物理現象としての音の違いは，「良さや美しさ」に対する人間の執着の有無だと言えます。

▶▶ 過去に築かれた「良さや美しさ」を現代の子どもに継承させる

さて，音楽科が対象とする「良さや美しさ」は非常に茫漠としています。先述してきたように，従来の音楽科は，数多あるジャンルの中でも西洋音楽的な「良さや美しさ」を中心に取り

扱ってきました。それほどまでに「近代化＝西洋化」の教条は強力だったということでしょう。そのような西洋中心主義に対する反省から，現代の音楽科ではガムラン的な「良さや美しさ」，雅楽的な「良さや美しさ」，韓国の音楽の「良さや美しさ」も取り扱われるようになってきました。しかし，結局のところ，これらは「過去に特定の文化圏で醸成された良さや美しさ」を子どもに継承させている，という点では1900年代初頭の教育と変わっていないのです。西洋音楽を取り扱おうとガムランを取り扱おうと，そしてそれらを教える際の指導法が児童中心的だろうと注入教授的だろうと，音楽科は結局「過去に特定の文化圏で醸成された良さや美しさ」を学習内容として子どもに継承させてきたのです。

　特定文化圏内における「良さや美しさ」は実践の蓄積によって形成されます。例えば西洋音楽では，数百年の時間をかけて「雑音のない音を拍節の中に規則的に並べて作る合理的な音響こそが美しい」という「良さや美しさ」の規準が醸成されてきました（あくまで一例です）。一方雅楽では，「ザラザラとした音を流動的なピッチで非拍節的に並べ阿吽の呼吸でアンサンブルするような音響こそが良い」とする「良さや美しさ」の規準が醸成されてきました。現代の我々はそれらを聴いて「西洋音楽の方が心地いいな」とか「雅楽ってちょっと変わってるな，よくわかんないな」などと感じるかもしれないわけですが，だからといって「拍節的な音楽の方が心地が良いので，雅楽も西洋音楽のように拍節構造を厳格化して演奏させてくれ」などと意見を述べても意味がありません。**数百年の歴史をかけて醸成された雅楽の「良さや美しさ」は，現代の我々がどのように価値判断しようと抜本的に変わることはないのです。「良さや美しさ」の規準を決定する力は，現代における我々よりも過去の偉大な実践者の方が強い，という言い方もできるかと思います。**

　そのような特質を持つ「良さや美しさ」を子どもに教えようとすると何が起こるでしょうか？　子どもは雅楽を聴いて「変だな」と感じるかもしれませんし，オペラの発声を聴いて「ポップスの歌手の声の方がかっこいいな」と感じるかもしれません。しかし，子どもがどう感じようと「これはその文化で良いとされてきたんだよ」と教えざるをえないのです。「過去に特定の文化圏での醸成された良さや美しさ」を現代の子どもに継承させる営みは，原理的に，「今・ここに生きる子ども自身が何を美しいと思うのか」とは無関係な指導にならざるを得ま

クラシック音楽，ガムラン，雅楽……色々あるけど……

せん。学習者の趣味趣向も細かい部分では尊重され得ますが，例えば上述したような「雅楽を西洋音楽的な拍節感で演奏したい」といったような希望は当然のように却下されるでしょう。歌舞伎を代々継承している宗家の家庭では，子どもの趣味趣向がどんなものであれ「その流派で良いとされてきた歌舞伎表現」を教えます。音楽大学のことをフランス語で「コンセルバトワール（Conservatoire）」と言いますが，その語源は「保存する」を意味する conservative と同じだと言われています。「文化の継承」的な教育には，学習主体の自己決定的な表現の余白があまり担保されていません。だからこそ大昔に醸成された「良さや美しさ」が一定程度の純度を保ちながら今日まで継承されてきたのです。

▶▶ 「文化の継承」に子どもの主体性はあるか？

　音楽科教育の現場では，音楽大学や歌舞伎の宗家における指導ほどではないにしても，どちらかというと「文化の継承」としての教育が行われてきました。例えば，歌唱の授業では学習指導要領に基づいて「創意工夫を生かした」表現するための技能を身に付けさせようとすることになっていますが，特定の楽曲を教材に実施される授業の中で生徒が自分なりに表現を工夫できる余地は非常に狭いと言わざるを得ません。もし本当に子ども自身の創意工夫を尊重するのであれば，《サンタルチア》をポップソング風に歌ったり，ラップ風に歌ったりすることが許容されなければならないはずです。あるいは，より子どもたちの価値観に寄り添った楽曲，例えば現在流行しているポピュラーミュージック等を教材にして，ポピュラー風の発声を探求させてもよいはずです。もっとラディカルに考えれば，生徒一人ひとりの「創意工夫」を大事するのであれば他人の曲を使わずに生徒自身に自作させた方がよいのではないでしょうか。しかしそのような歌唱の授業はどちらかというと一般的ではありませんでした。「《サンタルチア》は当時のナポリ的な「良さや美しさ」に準じて歌われるべきだから，生徒がどう感じようがナポリ民謡的に良いとされる歌い方を身に付けさせよ」という授業のほうが一般的であるように思います。同様に，鑑賞領域でも「名曲であるシューベルトの《魔王》の構造的特徴」を教える授業は慣例的だと言えますが，「子ども自身が最高に好きだと思う曲をプレゼンさせる」ような授業はどちらかと言えばレアケースだったでしょう。音楽科においては，今ここに生きる子どもの価値判断以上に，過去に「過去に特定の文化圏で醸成された良さや美しさ」を継承させることが優先されている，ということです。

　近年では「西洋音楽の中での名曲」や「西洋音楽的に良いとされる表現」に加えて「雅楽の中での名曲」や「ロックにおいて良いとされる表現」も継承させるようになったというだけで，結局「特定文化で過去に醸成された良さや美しさ」を継承させている点では1900年代初頭の教育と同じです。つまり音楽科は「良さや美しさ」に関する「文化の継承」を中心にした教育をおこなってきた，ということです。子どもの「したい表現」を深める授業よりも，文化が規定する「すべき表現」「歴史的に大事だとされる作品」を継承させる授業の方が一般的になって

いた，と言えるでしょう。過去にどこかの誰かによって作られた「良さや美しさ」をまんべんなく取り扱おうとするあまり，目の前の生徒自身にとっての「良さや美しさ」についてはあまり考慮されてこなかったのです。

3　音楽科における課題価値

　ここまでに，従来型の音楽科教育では「特定文化圏で過去に醸成された良さや美しさ」が学習内容に設定されており，それを子どもに「良いもの」として提示するいわば「文化の継承」としての教育が行われてきたことを確認しました。そして，音楽科において「主体的に学習に取り組む態度」を育み評価するのが難しい理由は，まさに「良さや美しさ」を継承させるというこの構造に由来するのです。

　例えば上述した《翼をください》を用いた授業計画で，子どもが熱心に生き生きと歌唱するような授業をすることのできる先生もいらっしゃるでしょう。子どもに「《翼をください》を西洋音楽的合唱表現で歌うのってなんて楽しいんだろう，この技能を身に付けたい」という内発的動機を持たせることに成功しているのだとしたらそれば素晴らしいことですし，内発的動機に至らなかったとしても「《翼をください》を西洋音楽的合唱表現のルールで歌唱することって僕にとって大事なことだよな……やりたいわけではないけどやる意義は確かにあるな」という同一化的調整が生じていればそれはそれで素晴らしいことだと思います。しかし，ここで問題なのは，内発的動機も持てず，同一化的調整も起きていない子どもたちへの対応です。このような子どもたちが自らを動機づけ，学習を継続できるようになるためのロジックはほとんど体系化されていない，と言っていいでしょう。

　実際，筆者が中学校で非常勤講師として《夢の世界を》を教材に歌唱の授業をしようとした時，生徒の多くはこの楽曲を歌うことに対する内発的動機を持っていなかったし，歌うべきだという同一化的自己調整もできていませんでした。普段からインターネットを通して主体的に音楽を選択し，聴き，カラオケで好きな曲を歌っている生徒たちにとって，《夢の世界を》という楽曲はそこまで魅力的に映らなかったのかもしれません。あるいは，楽曲の問題ではなく，そもそも「他人に強制されて音楽することへの嫌悪感」があったのかもしれません。いずれにせよ，筆者は生徒に「なんでこの曲を歌わなあかんの？」と質問され，生徒や自分自身が納得できるような回答をすることができませんでした。生徒に課題価値を感じさせるような指導をすることができなかった，ということです。**読者の方は，子どもに「なんでクラシックなんか聴かないといけないの？」「なんで五線譜の勉強をしなければならないの？」と聞かれたらなんと答えますか？**ここで的確な回答ができなければ子どもに課題価値を感じさせることができないわけですが，多くの方は納得感のある答えを持っていないのではないかと思います。なぜなら，「日本の子ども全てが西洋音楽について学ぶべき理由」を客観的に説明することはそも

そも不可能だからです。

　先述したように，世界中には様々な種類の「良さや美しさ」が存在します。そしてそれらに優劣をつけることは当然できません。したがって，「西洋音楽的な『良さや美しさ』は特に優れているから，J-pop よりも優先して取り上げるべき」のような主張には根本的に妥当性がないのです。にも関わらず，現状の音楽科教育では数多ある「良さや美しさ」の中から現代の子どもに何を継承させるべきか，大人が選択している構図になってしまっています。このような図式では生徒が学習内容に課題価値を感じることは難しいでしょう。

▶▶ 音楽科と他教科の違い①キャリアとの無関係さ

　音楽科は，他教科に比べて子どもに課題価値を感じさせるのが非常に難しい構造になっています。国語や数学等のいわゆる5教科は，高校入試に必要ですから，「進学するためには頑張るしかないか」という同一化的調整が起きやすいし，そのような調整を経て学習を粘り強く継続させる中で，教科内容自体への興味，すなわち内発的動機が喚起される可能性もあります。また，英語科のような科目では「将来海外で仕事をしたいから多少面倒だけど単語を覚えておくか」というような自身のキャリアと結びつけるタイプの調整が起こる可能性もあります。まさに「主体的に学習に取り組む態度」の涵養に関わるような構造が，5教科には内在していると言えるでしょう。なにより，入試や成績やキャリアといった外的報酬を度外視したとしても，多くの生徒は漠然と「5教科の勉強はある程度大事だ」という認識を持っているように思います。つまり，生徒は5教科の学習内容に対してある程度の課題価値を感じている状態であることが推測されます。

　一方で，音楽科の学習内容に価値を感じる生徒はどちらかといえば少数派でしょう。自己決定理論の項でも述べましたが，音楽科において生徒が学習内容に対して同一化的調整をすることは難しいと考えるのが妥当です。なぜなら多くの生徒にとって，音楽文化に関わる様々な学習内容は実生活にも直結せず，大学入試にも活用できず，当人のキャリアにも結びつかないことがほとんどだからです。また学習指導要領にも掲載されている「音楽に親しんでいく態度」に関しては，ほとんどの生徒は既に身に付いていると言わざるを得ません。生徒は，歌唱共通教材やベートーヴェンの交響曲等に付いて教えられなくても，Ado や BTS の音楽を通して生活を豊かにしています。教科書掲載曲に関する内発的動機を持っていない生徒でも，彼らが好きな楽曲を演奏したり聴いたりする行為に関しては内発的動機を持ってる，という事例は少なくないでしょう。例えば音楽の授業で生徒に人気のポピュラーソングを上手に歌う方法を教えるのであれば，その楽曲を愛好している生徒は「音楽に親しんでいく態度」をまさに発揮させながら，課題価値を感じて授業に望むでしょう。そしてそのような授業をすることは実際可能なのですが，多くの現場において一般的ではないようです。

▶▶ 音楽科と他教科の違い② 「良さや美しさ」の多元性

　授業で取り扱う教材曲に対して自己動機づけを喚起するのが非常に難しいもう一つの要因は，音楽科が取り扱う「良さや美しさ」という領域の特殊性にあります。5教科が取り扱う「ロジック」とは異なり，「良さや美しさ」には，普遍的な正解がありません。その柔軟性故に，生徒はある種の学習性無力感を覚えやすい，ということです。

　例えば，数学科において，1＋2＝3という計算式は教科教育レベルで覆ることのない絶対的な正解です。「1＋2は4でもいいし5になる場合もあるよ」などという指導はほとんどあり得ないと言ってよいでしょう。したがって1＋2＝3や2×4＝8といった知識を一つずつ積み上げていけば，数学科という教科の知識をしっかりと修めていけます。「長期的な学習の見通しを立てやすい」とも言えるでしょう。「主体的に学習に取り組む態度」を発揮・伸長する上で，学びの軌跡をイメージできることがいかに重要であるかは，これまでにも繰り返し指摘してきました。5教科が取り扱う言葉や数字の「ロジック」は，固定的であるがゆえに学びやすい，とも言えます。

　一方で，音楽には「どのような状況においても絶対的に正しい」が存在しません。ポピュラーソングを歌う時，我々は高い音を発声する前に自然とポルタメントを入れます。むしろこれが全くないと少々味気なく聴こえるくらいです。しかし歌唱共通教材を歌唱する際には多くの場合ポルタメントは入れないほうが良いとされます。また，クラシックに由来する器楽合奏曲を演奏する際は，全てのパートの縦はピッタリと揃っていることが良いとされますが，例えばヒップホップではレイドバックと言ってドラムのビートに対して主旋律は若干遅れてついてくるのが「カッコイイ」とされます。つまり，音楽という非常に広範な領域を俯瞰した時，「縦を合わせるべきかどうか」とか「ポルタメントを入れるべきかどうか」とかいうルールに普遍的な正解はないのです。**音楽における「良さや美しさ」は，ジャンルや状況に依存します。言い換えれば，全ての音楽実践を横断する「良さや美しさ」は存在しないのです。**特定のジャンルにおいては「美しい」とされるものが，他のジャンルになったとたんに「美しくない」とされるこの領域に，生徒は当然ながら混乱してしまいます。ロックを愛好している生徒はロック的な発声を良い発声だと認識しているのに，授業で教えられる発声はそれとは全く異なります。このような美の多様性に関する明確な説明がなければ生徒は学びの軌跡をイメージできないわけですが，多くの場合その説明は見逃されてきました。これも，音楽科において生徒が学びに向かいにくい要因だといえます。

音楽におけるよさや美しさはジャンルや状況に依存する

ここまでの話を整理すると下記のようになります。

①音楽科の学習内容は「良さや美しさ」である

②従来型の音楽科教育は「特定文化で過去に醸成された良さや美しさ」を子どもに継承させてきたので，子ども自身が何に「良さや美しさ」を感じるのかは見過ごされてきた

③過去に醸成された「良さや美しさ」を生徒に継承させてもキャリアに結びつかないために課題価値を感じさせることが難しい

④全ての音楽に共通する普遍的な「良さや美しさ」は存在しないので，生徒は学習性無力感を覚えやすい

⑤それ故に，「主体的に学習に取り組む態度」を育て評価することが難しい

　これまでの音楽科教育は，このような「良さや美しさを取り扱う科目の特殊性」を考慮せず他教科と足並みを揃えようとしてきたために，様々な歪を生んでしまったのでないでしょうか。あるいは，教師自身が，この事実に真正面から向き合おうとせず，西洋音楽を中心とする「文化の継承」に無批判であったのかもしれません。というより，西洋音楽の「文化の継承」を当たり前のものとして受け入れ学んできた音楽科教師にとって，西洋音楽を教えるという従来型の音楽科教育に対して相対的な視点を持つこと自体が難しかったのだと思います。これは既に現場で活躍されている先生方の問題というより，教員養成課程の構造の問題だと筆者は考えています。教員養成課程は「音楽の基礎＝西洋音楽の基礎」だと言わんばかりに，西洋音楽のスペシャリストを大学教員として雇っています。これでは排出される教員が「良さや美しさ」に対する俯瞰的視座を持てなかったとしても仕方ありません。

　しかし，悲観的になっても仕方ありません。音楽科において「主体的に学習に取り組む態度」を涵養しようとするのであれば，「良さや美しさを取り扱う科目の特殊性」について今からでも教師が学べばよいのです。生徒に「メディアで活躍する有名歌手の真似をして歌唱共通教材を歌ったんだから評価してよ」や，「先生の言う『良い声』を私は良いと思わないんだけど！」などと言われた時に，教師はきちんと「良さや美しさ」の特殊性について説明できる必要があるでしょう。「自分なりに努力したのになぜか評価されない」という事態が継続的に生起すると，子どもたちはある種の学習性無力感に陥ってしまいます。

　特定の音楽文化で時間をかけて醸成されてきた「良さや美しさ」の規準が強く機能する音楽において，現代の我々が完全に自由に価値判断することは原理的にできません。それ故に生徒が納得感を持って学びに向かうことは非常に難しい。我々は子どもに音楽を堅苦しいものだと思ってほしくはないし，特定の音楽文化でのみ通用する「良さや美しさの規準」を生徒に無理やり継承させたいわけではありません。課題価値を感じにくい学習を押し付けても「主体的に学習に取り組む態度」は涵養されないからです。このような特殊な領域を取り扱う音楽科では，どのような教育課程が望ましいのでしょうか。

4 「文化の創造」を視野に入れた教育課程の重要性

　これまでにも述べてきたように，音楽科においては外発的動機づけを喚起するような指導が
あまり効果的ではない事情があります。そうなると，音楽科においては「その活動に参加する
こと自体が楽しい」という内発的動機を持てる活動を起点に学習を組織するしかありません。
より正確に言えば，「**音楽科の授業を通して『主体的に学習に取り組む態度』を涵養するため
には，外的報酬をちらつかせて外発的動機づけを喚起するよりも，『より楽しい音楽活動をす
るためには知識が必要だから学びたい』という内発的動機ベースの教育課程を構築した方が現
実的ではないか**」ということです。

　そのような問題意識のもと，筆者はかねてから「文化の創造」を中心に据えた教育課程の重
要性を指摘してきました[35]。端的に言えば，子どもたちの主観的な音楽創作を中心に据えたカ
リキュラムです。筆者は，子どもが普段から音楽を作る側の立場にあれば，他人が作った楽曲
の構造について学びたくなるはずだ，という仮説を立てています。外発的動機づけがあまり効
果的ではない音楽科において，学習内容に当事者意識を持たせるにはどうすればよいのか，と
いう問いから生まれた仮説です。とはいえ，イメージしにくいでしょうから具体例を挙げなが
ら解説していきましょう。

▶▶ モナ・リザに当事者意識を持てる？

　例えば，美術科でモナ・リザを鑑賞する授業があったとします。モナ・リザは西洋美術史上
非常に有名でその歴史的価値について異論を挟む人はいないでしょう。教師は，見る角度によ
って表情が変わる絶妙な顔の構成や独特の光の表現といった絵画の技法について熱っぽく語り
ます。その上で，作者であるレオナルド・ダ・ヴィンチの偉大さやルーブル美術館で展示され
るに至った経緯にも注目させます。最後に「モナ・リザは人類にとっ
て最も重要な素晴らしい美術作品の一つです。ぜひ知っておいてくだ
さい」といって題材を終えます。典型的な「文化の継承」としての授
業です。さて，この授業を受けた生徒の感想はどのようなものになる
でしょうか？「モナ・リザかぁ，工夫して描かれててすごいのはわか
ったけど，僕は特別きれいだとは思わないな，なんか怖いし……名画
ということはわかったけど，だから何なの……？」のような感想を持
つ生徒も少なくないのではないでしょうか。これまでにも述べてきた
ように，音楽科や美術科における学習内容は，ほとんどの生徒のキャ
リアに直接的に影響を及ぼさない上に，実際的な役に立ちそうもあり

モナ・リザについての学習
を自分ごとにさせるにはど
うしたらいい？

ません。課題価値を感じづらい教科であると言えます。「主体的に学習に取り組む態度」を育
むためには，生徒がモナ・リザのような過去の美術作品を自分ごととして学びたくなるような

状況をつくらなければなりません。それはどんな状況なのでしょうか。

　例えば，生徒が普段から趣味でマンガを描いていたとしたら，この題材の意味は全く変わってきます。生徒の多くが人間の顔をどんなふうに描いたら魅力的に見えるのか，自分が想像したとおりの人の表情を描くにはどんな風にペンを動かせばいいのか，日々試行錯誤していたとします。そんな生徒たちにとって，先ほどのモナ・リザの授業は非常に興味深い内容になるはずです。「見る角度によって表情が変わる？　そんな絵を描けたら自分の漫画に生かせるのでは？」と考えることができるでしょう。教師がこの絵画の構造的な特徴について説明すると，生徒は夢中になって聴くでしょう。普段からマンガ制作という創作に対して当事者意識を持っている生徒にとって，よく練られた構造的特徴を有する過去の作品は有益な参考資料になります。結果的に，ダ・ヴィンチについての歴史的な知識にも興味を持てるかもしれません。創作に対する当事者意識が，生徒とは縁遠いはずの作品に対して課題価値を感じさせるのです。

　上述した例では，モナ・リザという作品を鑑賞する授業を想定していました。では鑑賞の授業の動機づけにおいて，創作に対する当事者意識がポジティブに寄与するのはなぜでしょうか？　これは実は非常にシンプルな話で，**鑑賞の授業における学習内容は，多くの場合「製作者がその作品の中で行った表現の工夫」**になるからです。音楽科の授業で考えてみても，特定の楽曲を題材にする授業のほとんどが「作曲者がその作品の中で行った表現の工夫」に注目させているはずです。例えばベートーヴェンの交響曲第5番の第1楽章を教材に主題動機労作を教える鑑賞の授業を想定してみます。主題動機労作とは，「一つのモチーフを繰り返し用いることで楽曲に統一感を持たせるための技法」です。これはまさにベートーヴェンがこの楽曲の中でこだわり抜いた表現の工夫です。従来型の授業では，教師は「この曲には冒頭のモチーフが100回以上出てくるんですよ，すごいですよね！」と熱く語るかもしれませんが，生徒はそもそも「楽曲に統一感を持たせたい」なんて考えてみたことすらないのです。ベートーヴェンの工夫について教師が熱く語ったところで，生徒にとって他人事でしかありません。過去の作曲家が施した素晴らしい表現の工夫に対して当事者意識を持たせるためには，生徒自身が日常的に表現の工夫をしようとする環境にいなければならないのです。

▶▶ 博物館と実験室のメタファー

　子どもを音楽づくりの当事者にすることで従来的な「文化の継承」的学びに対して動機を持たせる，という筆者のロジックは，音楽教育哲学者のランドール・エヴァレット・アルサップ，及びアルサップが著書の中で言及する教育哲学者，ジョン・デューイから影響を受けたものでもあります。アルサップは，デューイの著書『学校と社会』の内容に言及しつつ，音楽教育を博物館（museum）と実験室（laboratory）の二側面から論じました[36]。アルサップの教育思想をここですべて解説することは本書の趣旨と筆者の実力を逸脱します。ここではアルサップ及び彼が依拠するデューイの博物館と実験室のメタファーを再解釈し，筆者なりに説明してみ

ます。

　学校における博物館とは先人によって築かれた知識を保存し，後世に継承させる場所です。博物館には，学問体系ごとに様々な知識がある種の正解として展示されていて，学習者はそれらを記憶することで知識を自分のものにしていきます。博物館では「2×3＝6」となるロジックを理解することが求められます。「2×3って本当に6なの？」という疑問を持つ必要はありません。提示された知識が正しいことを前提にインプットしていく場です。音楽科の事例で説明するならば，フーガの定義や特定の曲の様式にあった表現の方法等，再現芸術をする際に求められる「知識・技能」の殆どは博物館的だと言えるでしょう。西洋音楽以外の音楽について学ぶ場合でも，「日本にはこんな民謡があったんですよ，こんな感じで発声します，さぁ体験してみましょう」という指導は「過去に醸成された良さや美しさ」に関する「知識・技能」を継承させようとしているわけですから，やはり博物館的だと言えるでしょう。

　一方，実験室とは博物館にある知識を活用して新たな知識を探求する場所です。実験室には既存の正解が存在しません。むしろ，問題自体を自ら生成する場だとも言えるでしょう。例えば，実験室では「自分達の好きな楽器を使って1分間の音楽パフォーマンスをしてもらうので準備してください」のような課題が出されると想定してみてください。音楽パフォーマンスと言ってもあまりに漠然としているので，生徒はなんとなく声を出したり手を叩いたりすることはできてもそれ以上のものを思いつくことができません。**そのようにして「手持ちの知識だけでは解決できない」という事実に直面した時に，自分たちの創作に活用できそうなアイディアを探しに博物館に行くのです。**その際，教師が博物館のどこから資料を選べばよいのか，ある程度ヒントを準備しておくことが重要になります。生徒は，後に実験室で行うパフォーマンスのために博物館に調べ学習をしにいっているので，博物館に保存されている過去の知識に対して当事者意識を持つことができます。「音楽パフォーマンスに使えそうな知識がどこかにないかな……？」というモチベーションで博物館を物色しているイメージです。そこで使えそうな知識を見つけたら，それを実験室に持ち帰り，改めて試行錯誤するわけです。

　かつて音楽科は子どもを無理やり博物館に連れていって「この知識・技能を身に付けなさい」と言って強制的な注入教授をしていました。しかし，それが見直され，子どもたちに主体的な試行錯誤の場を与えようという立場が強調されるようになってきています。しかし，博物館に保存された「知識・技能」を継承させること自体が目的になっている場合，いくらそのプロセスを試行錯誤させたところで最終的な正解は決まっています。先述の例になぞらえて説明すれば，子どもたちにいくら《翼をください》の音量表現を工夫させても，博物館的な表現の正解はあらかじめある程度決まっているのです。博物館的な学びの中で主体性を持たせるためには，子どもが博物館の知識を得たいという動機が必要になるでしょう。子どもを無理やり博物館に連れていって「今日は縄文土器について学びます」といって指導してしまっては，縄文土器に対する当事者意識は芽生えませんし，その後の実験室での学びも非効果的なものになっ

てしまいます。むしろ，実験室で「好きに探求する経験」，すなわち「主観的な創作の経験」を先に積むことで，博物館での学びに当事者意識を持つことができるのです。

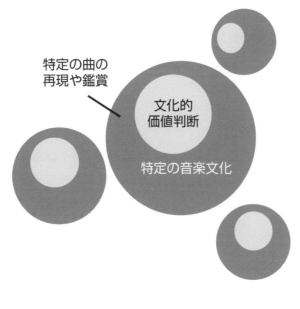

現在一般化している音楽科教育のモデル。「文化の継承」が当然視されているので，子どもたちは「文化的なルール」の中でした価値判断ができない。複数の音楽文化を学んでいるが，当事者意識は持てていない。

筆者が提唱する新たな音楽科教育のモデル。子ども自身の主観的価値判断が尊重される「自由な探求」の場が中心にあり，子どものアイディアが枯渇したタイミングで「特定の音楽文化」を参考資料として提示する。そうすることで当事者意識を持って「文化の継承」をさせることができる。

文化の継承と創造（長谷川諒（2021）「音楽科における主体性と主観性：「文化の創造」を中心とする新たな音楽教育原理の提案」より引用）

5 子どもを当事者にする

　創作を中心にすべきだという筆者の意見に，違和感を覚える先生方も一定数いらっしゃることと思います。一般的に，多くの先生方にとって創作の授業は歌唱や器楽の授業よりもハードルが高いと認識されているようですし，音楽科教員養成課程に入学してくるほとんどの学生は，作曲専攻ではなく演奏専攻で，再現芸術に演奏家として関わろうとしている場合がほとんどです。生徒を音楽づくりの当事者にさせよ，という筆者の主張に，高いハードルを感じる方も多いかもしれません。

　しかし，筆者は何も子どもに厳密な作曲方法を教えよ，と言いたいわけではありません。むしろそのような指導は「文化の継承」にとどまります。ソナタ形式を用いた作曲をマスターさせることは西洋音楽の文化の中で醸成された「良さや美しさ」に関わる技能を継承させているに過ぎません。「第一主題に対して第二主題は属調の関係にあるのが基本である」などという知識に，多くの生徒は内発的動機を持てないでしょう。では，「音楽を作る当事者になる」とはどういうことなのでしょうか。

　マンガ家が「マンガを描こう，マンガを描く当事者になろう」と思ったきっかけはなんだったのでしょう。マンガを読むことに夢中になる子どもは多いですが，実際に描いてみようと思ったことがある人はそこまで多くないはずです。しかし，教科書の隅に小さく落書きをしたことがある人は少なくないでしょう。誰に見せるわけでもないので上手く描く必要もありませんから，まさに主体的な表現が発露している場面です。

マンガを描く当事者になろうと思ったきっかけは？

　そのようにして気の向くままにシャープペンシルを走らせて描いた絵に自己満足したり偶然誰かに褒められたりして「ひょっとして自分は絵が上手いのかも？」と思ったりする。そこで絵に対する当事者意識が芽生え，マンガの描き方について本やネットで調べたり，人気マンガを分析的に見るようになる。つまり成功体験を積むことでマンガという領域に対して当事者意識を持ち，「主体的に学習に取り組む態度」を発揮させながら「知識・技能」や「思考力・判断力・表現力」を獲得していく，という流れが思い浮かびます。

　このエピソードにおいて重要なポイントは，学びの起点になっているのが「**自発的で主観的で他者評価を気にする必要のない自由な創作**」だったということです。前の章で用いた言葉を

使えば、「自律的な学習の時間」において成功体験を積んだ結果、様々な学習方略を活用しながら知識・技能を増大させていった、と説明することもできるでしょう。もし、「人に評価される作品を作らなければならない」という他者に強制される創作体験が起点だったとしたら、短期的には「知識・技能」や「思考力・判断力・表現力」を身に付けることができたとしても、「主体的に学習に取り組む態度」を発揮・伸長しながら生涯に渡って学び続けるというポジティブな学習サイクルにはつながらないでしょう。また、本人が評価を望んでいない状況で数的な評価をちらつかせ強制的にジャッジをするような指導は、学習者の内発的動機を減じます。「主体的に学習に取り組む態度」という資質・能力の本来の趣旨である「生涯に渡って学び続ける力」の育成を目指すのであれば、学習の起点にあるべきは「他者評価を恐れる必要のない安心安全な場での創作経験」でしょう。筆者はそのような音楽活動を「文化の創造」と定義し、カリキュラムの中心に置くべきだと考えています。

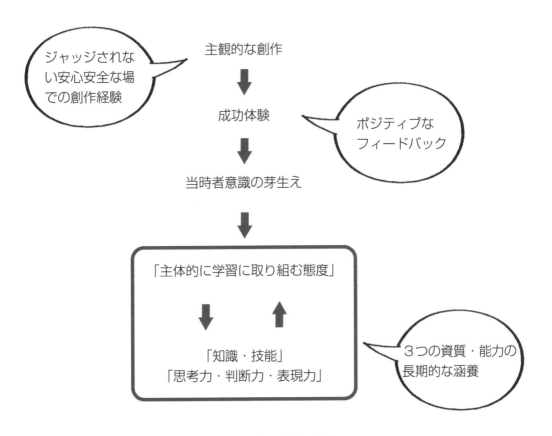

当事者意識の芽生えと資質・能力の涵養

6 「文化の継承」の意義

　一方で，筆者は「文化の継承」を完全に排除すべきだとは思っていません。生徒自身による「良さや美しさ」を大切にすると言っても，「特定文化で過去に醸成された良さや美しさ」について一切教えない音楽科の授業はあまりに不自然です。そもそも教科教育は，過去に誰かが築いてきた知識を通して3つの資質・能力を育成する構造になっています。掛け算九九や元素記号，あるいは言語における文法でさえ，過去に誰かが構築した「ロジック」を子どもに継承させているわけですから「文化の継承」それ自体を否定してしまうのはナンセンスです。音楽科が取り扱うのは「良さや美しさ」なので，「ロジック」を取り扱う他教科とは明確に区別されるべきであることは先程指摘したとおりですが，それでも「文化の継承」は音楽科における重要な学習になると考えています。では，公教育の音楽科教育において，「文化の継承」としての学習にはどのような意味や価値があるのでしょうか。生徒に「文化の継承」的な学習に価値を感じてもらうには，どのような授業設計が必要になるのでしょうか。

　この問題についてはすでに答えに言及しています。先述したとおり，**「文化の継承」は，「文化の創造」の主体である生徒が音楽創作をする際の参考資料として活用されるとき，当事者意識を持てる教材としての価値を持つ**のです。バッハやモーツァルトといった西洋音楽史上の偉大な作曲家の音楽や，八橋検校や宮城道雄といった日本の重鎮の音楽は，それぞれの文化の中で歴史的に重要であることに疑いの余地はありませんが，その歴史的重要性は教材選択の理由にはなりません。「特定文化における歴史的価値」と「教材としての価値」は全くの別物だと言ってよいでしょう。

　そもそも，**「これは名曲だから生徒に知っておいてほしい」「教養としてこの作曲家くらいは知っておいてほしい」という考え方は，教科教育的に破綻しています**。なぜなら，教科教育の目的は生徒の資質・能力を育成することであって，生徒を「情報を後世に伝承するための依代」にすることではないからです。社会科で第二次世界大戦について教えるのは，「知っておいてほしいから」ではありません。第二次世界大戦という史実が生徒の「知識・技能」や「思考力・判断力・表現力」「学びに向かう力」を育てるのに効果的だからです。次世代が戦争のない世界に向かってくれることに大人が期待するのは自由ですが，大人が望む世界を作らせるために教育しているわけではない点に注意が必要です。音楽科においても，「過去に名曲とされてきた曲」だから継承させるのではなく，生徒の資質・能力を育てるのに適切な楽曲を選択し活用する必要があります。

　その意味で，教科書に掲載されている楽曲に対して筆者は疑問を持っています。例えば，ベートーヴェンの交響曲第五番《運命》の第1楽章は，「ソナタ形式に関する知識」という資質・能力を育成するのによく使われる教材ですが，資質・能力ベースで考えたときにベストな教材曲だと言えるでしょうか。筆者には到底そうは思えません。第二主題の裏で第一主題のモ

チーフがなっているために主題の概念について説明するのがとても煩雑になってしまいますし，そもそも曲が長すぎるために通して聴くには授業時間の多くを割いてしまいます。ソナタ形式について全く知らない生徒にとっては応用問題に当たるような選曲です。ソナタ形式について教えるのであれば，クレメンティのソナチネのような短くてシンプルな楽曲を使った方がいいですし，なんなら教師自身が自作してみせたり，生徒と一緒に主題を並べてみたりした方がよっぽどわかりやすい学習になるはずです。あるいは，ポピュラーソングの「Aメロ→Bメロ→サビ」の構造について勉強した上でソナタ形式について考えさせる等の配慮があった方が，生徒がソナタ形式に対して当事者意識を持てるでしょう。学校教育では「教材として使う曲は素晴らしい曲でなければならない」「子どもには本物を聴かせたい」などとよく言われますが，「素晴らしさ」「本物」を定義することはそもそも難しいのです。

　名曲と優れた教材曲は必ずしもイコールではありません。優れた教材曲とは，生徒の資質・能力を効果的に育むことのできる曲です。「素晴らしい曲だから学びなさい」という動機づけでは「文化の継承」を正当化することはできません。「文化の継承」的な教育を価値づけるには，「文化の創造」的な音楽創作体験がリスペクトされなければならないのです。

2 「主体的に学習に取り組む態度」を育むための授業構造

1 「文化の創造」的な創作活動の具体

　ここまでに，「良さや美しさ」を取り扱う音楽科の特殊性，そしてそれ故に「主体的に学習に取り組む態度」の育成が難しいことを説明してきました。そして，生徒には実験室で「文化の創造」的な音楽創作を日常的に体験させ，アイディアが枯渇したタイミングで博物館に連れていき「文化の継承」的な学習をさせるのがよいのではないか，という提案をしてきました。それでは，実験室で行われる「文化の創造」的な音楽創作とは，具体的にどのようなものなのでしょうか。

　筆者は音楽づくりのワークショップで「音楽は，①どう始めて，②どう重ねて（発展させて）③どう終わるのか，さえ考えれば作ることができるんだよ」という話をします。音楽科の授業では音楽を構成する要素を「リズム・メロディ・ハーモニー」の３つだとして説明することも多いかと思いますが，これは西洋音楽の中でもバロック時代後期からからロマン派くらいまでの一部の音楽にのみ当てはまる考え方です。グレゴリオ聖歌には今日的な意味でのハーモニーが存在しませんし，和太鼓アンサンブルには一般的な意味でのメロディが存在しません。《越天楽》に規則的な拍節構造が存在しないことは周知の事実でしょう。したがって，実験室的な創作活動をする際には「リズム・メロディ・ハーモニー」の束縛をむしろ取り払う必要があります。しかし，生徒に対していきなり「では自由に音楽を作ってください」といっても戸惑ってしまうでしょう。そこで筆者がたどり着いた言葉が「どう始めて，どう重ねて，どう終わるのかを考えよう」でした。

　具体的な音楽活動の流れを解説してみます。まずは教師と生徒でコールアンドレスポンスをして，楽譜にとらわれずにフレーズを演奏すること慣れさせます。例えば下記の譜例のような活動を行います。

コールアンドレスポンスを通して楽譜なしで演奏することに慣れる

　上記の譜例は五線譜に表記可能なものを採用しましたが，当然ながら西洋音楽的な語法から

逸脱するフレーズを用いて構いません。また，教師の音高を正確に生徒に模倣させる必要もありません。わかる範囲でレスポンスを返す経験が，偶発的に生徒に即興演奏のフレーズアイディアを授けます。

　生徒がラフにフレーズを創作することに慣れたら，一人の生徒に「なんでもいいからフレーズを演奏して」と指示すると，「タンタンタンタン」のように規則的な四拍子のリズムや，コールアンドレスポンスで使ったちょっと凝ったフレーズのようなものを演奏してくれます。これが先程筆者が述べた「音楽は，①どう始めて，②どう重ねて（発展させて）③どう終わるのか，さえ考えれば作ることができる」の中の①に該当する部分です。

　最初の生徒にはフレーズを演奏し続けてもらいながら，今度は別の生徒に対して「今鳴っているこのフレーズに対してどんな音を重ねたら面白くなりそう？」と発問し，フレーズを重ねてもらいます。とにかく，「今・ここで出ている音に対して主観的に音を重ねる経験」をさせることが重要です。教師は，肯定的なフィードバックをしながら，6名くらいの生徒に演奏を重ねさせます。これが②の「どう重ねて（発展させて）」の部分です。

　さらにその後，教師の簡単なサインで全体のアンサンブルにちょっとした変化を与えてみせます。筆者がよくやるのは，教師の手の高さに合わせて音量を上下させる活動です。音量を全体で上下させるだけで，「各自が主観的に発した音を使って合奏で音楽表現の工夫をできている感」を味わうことができます。また，教師の合図で特定の人の演奏を止めさせたり，再度演奏を始めさせたりすることで，各パートの役割が可視化されます。これも②の「どう重ねて（発展させて）」に該当するアクティビティです。

　教師のファシリテーションで音のパラメータを多様に操作しながら遊んだ後，最終的に終わり方を決めます。一番簡単な終わり方は，教師の合図に合わせて強くて短い音を一発鳴らす，というものです。簡単に終止感を味わうことができます。また音をだんだん小さくしながらフェードアウトする，とか，音をだんだん大きくしながら教師の合図で一気に演奏を止める，とか，終止感を出す方法は様々です。これが③の「どう終わるか」です。

　以上のような流れを踏襲すると，生徒に実験室的な音楽づくりを体験させることができます。筆者の経験上，このような活動を通して音楽を作る体験をある程度積んだ生徒は，「グループで一分くらいの音楽作品を作ってね」という抽象的な指示をもとに自律的に音楽創作をすることができるようになります。しかし，現状生徒たちの創作のアイディアは，コールアンドレスポンスで得られたフレーズのみですので，いくら自律的に音楽創作をできる生徒でも，いずれアイディアが枯渇してしまいます。**そのタイミングで生徒に参考資料になりそうな楽曲を提示してみてはどうでしょうか**。例えば，これまで拍節的な音楽しか作ってこなかった生徒に対して《越天楽》を提示すると，その不思議な音響構造に興味を持つでしょう。そして，楽曲を繰り返し聴取しながら音楽的特徴を抽出し，自分たちの楽器で再現できるように調整するでしょう。この時，生徒は《越天楽》という縁遠い楽曲に対して当事者意識を持ちながら学んでいま

す。「《越天楽》の構造的特徴を聴き取る」という学習に対して課題価値を感じながら学んでいる，とも言えるでしょう。

　このような活動において生徒の「主体的に学習に取り組む態度」を評価することはもちろん可能です。例えばタブレットで教材曲を繰り返し聴こうとする姿を観察すれば，学習方略の活用状況を量的に捉えて評価することができます。評価規準と評価基準は下記のように設定することができるでしょう。評価基準を量的な指標として取り扱うことの問題点については第2章で言及しましたとおりですが，評価基準の運用可能性を考慮してここでも量的指標としての運用を提案しています。

題材の目標
　越天楽の音楽的特徴を聴き取り，グループでの音楽創作に生かす。
「主体的に学習に取り組む態度」の評価
　評価規準：《越天楽》の音楽的特徴を聴き取るために，適切な学習方略を使用しながら粘り強く
　　鑑賞教材を聴いて学習しようとしている。
　評価基準：
　　A　《越天楽》の音楽的特徴を聴き取るために，タブレットの音源を短く区切ったりメモを取
　　　ったりしながら繰り返し聴いている
　　B　《越天楽》の音楽的特徴を聴き取るために，タブレットの音源を漠然と聴いている
　　C　《越天楽》の音楽的特徴を聴き取るために，タブレットにある音源を聴こうとしていない

　題材の目標として獲得が目指される資質・能力は，《越天楽》の音楽的特徴を聴き取ることという鑑賞の「知識」と，それをグループでの創作に生かすという創作の「思考力・判断力・表現力」ですが，「主体的に学習に取り組む態度」に関する評価規準は前者の「知識」の獲得に向かう生徒の姿を評価しようとするものです。第2章で指摘した通り，評価規準の運用可能性を考えるのであれば，どのような資質・能力の獲得に向かう際に発揮される「主体的に学習に取り組む態度」を評価するのか，評価規準上に明記したほうがわかりやすくなります。この規準であれば，グループ活動をさせる中で机間巡視しながら観察法で見取ることができるのではないでしょうか。

　なお，もし創作の「思考力・判断力・表現力」獲得を目指す場面で発揮される「主体的に学習に取り組む態度」も評価したいのであれば，もう一つ評価規準をつくってもいいかもしれません。一つの学習指導案の中に「主体的に学習に取り組む態度」の評価規準が2つ以上設定されている例はあまり見たことがありませんが，漠然とした評価規準を一つ設定して複数の場面で都度解釈して評価をするより，評価の場面が明確にイメージできる運用可能な評価規準を複数作ったほうが効果的なのではないかと筆者は考えています。

　以上が，文化の創造的な音楽学習の概要です。まずは実験室的な活動の中で音楽づくりの成

功体験を積ませ，その上で音楽づくりに使う参考資料を探しに博物館に連れて行く，という筆者のアイディアが伝われば幸いです。本章の最後には，このような「文化の創造」的な授業を取り扱った指導案を掲載していますので，そちらも是非ご活用ください。

2 「音楽は自由だ」という言説の危険性〜正確なフィードバックを目指して〜

　ここまでに音楽科教育における「文化の継承」と「文化の創造」の具体的な考え方を紹介してきました。「文化の創造」的な自律性の高い音楽表現の場を確保することで，「文化の継承」に当事者意識をもたせることができる，という筆者のロジックを具体的に解説してきたつもりです。本章の最後にこの2つのタイプの音楽活動をする際に留意したい点について説明します。

　我が国では「音楽は自由だ」という発想が根強く見られますが，これはあまり正確な言説ではありません。これまでに述べてきたように，「良さや美しさ」は特定文化圏での実践の蓄積によって形成されます。「特定文化圏で過去に醸成された良さや美しさ」の規準は文字通り過去に存在するのであり，現代の我々がその規準から全くの自由になることは原則として難しいと言えるでしょう。オーケストラにエキストラとして参加するクラリネット奏者が楽譜に書いてある発想記号を無視して演奏するとその奏者は次から仕事をもらえなくなるでしょうし，ジャズのアドリブソロでも，コード進行を見失ってしまった管楽器奏者はドラムやベース等のリズム隊から冷ややかな視線を浴びせられます。「特定文化圏で過去に形成された良さや美しさ」に依拠して行う音楽活動には，一般的な意味での自由はあまりない，と言えそうです。

　一方で，本書で「文化の創造」的音楽活動として言及している自由な音楽創作は，「特定文化圏で過去に形成された良さや美しさ」に束縛されません。そもそも参照すべき規範が存在しないからです。創作の際の参考資料として西洋音楽や雅楽のイディオムを借用することはあっても，それらを正確に踏襲していないからといって批判されることはありません。このような音楽活動は限りなく自由だと言えるでしょう。**筆者は，「文化の創造」的な意味合いでの音楽を「『良さや美しさ』に注目して音を目的的に取り扱う行為，あるいはその行為が対象とする音そのもの」だと定義しています。**参加者がお互いを尊重しながら音を出す限りにおいて，「文化の創造」的な音楽は自由だと言えるでしょう。少なくとも，「過去に醸成された良さや美しさ」の規準に怯える必要はありません。

　教師は音楽という言葉がもつこの二面性に対して自覚的にならなければなりません。もし教師が「音楽は自由だ」と言いながら特定の文化における「良さや美しさ」ばかりを取り扱ったり，それを普遍的な美かのように教えたりしてしまうと生徒は不審に思うでしょう。しかし，実際にはついこのような指導をしてしまいがちです。例えば，教師が「ファッションは自由で楽しいものです」と言いながら「冠婚葬祭における正しいスーツの選び方」しか教えなかったら，生徒は混乱するでしょう。逆に「ファッションは自由だから，冠婚葬祭にTシャツと短パ

ンで行ってもいいんだよ」という指導も現実的ではありません。教師は自分の教育実践が「特定文化圏で過去に醸成された良さや美しさ」を継承させることを目的としているのか，それとも「目の前の生徒によって生み出される良さや美しさ」を尊重しようとしてるのか，客観的に把握しておく必要があるでしょう。

　具体的に音楽科の授業に落とし込んで考えてみましょう。例えば，「歌唱共通教材を正確な音高で歌う技能」を身に付けることが題材の目標になっている「文化の継承」的な歌唱の授業の中で，生徒が教師にアドバイスを求めてきたとします。この生徒は「主体的に学習に取り組む態度」が十分に身に付いておらず，自分の「技能」の習熟状況をモニタリングできていない。そのような生徒に対して教師はどのようなフィードバックをすればよいのでしょうか。

　仮にこの生徒が本題材の目標である「歌唱共通教材を正確な音高で歌う技能」を十分に身に付けることができていなかった場合，その事実を無視して「君の歌は素晴らしい」と称賛するのは「主体的に学習に取り組む態度」を育む上ではあまり適切ではありません。歌唱共通教材は日本の心象風景を歌いながらも音楽構造としては西洋音楽的規範に準拠した楽曲ですから，一般的には西洋音楽的で再現芸術的な「良さや美しさ」を携えて歌唱されることが想定されています。したがって，楽譜が想定する音高を逸脱する歌い方は，一般的には「下手だ」と評価されてしまいます。筆者が重視する「文化の創造」的な価値観の場では，楽譜が想定する音高を逸脱した歌い方もそれはそれでリスペクトされてよいのですが，もし生徒に「主体的に学習に取り組む態度」が設定された主旨である「生涯に渡って学び続ける力」を身に付けさせようとするのであれば，学校での学びと卒業後の学びを接続するような指導が重要になるでしょう。

　したがって「自らをモニタリングしながら学びを継続させる力」である「主体的に学習に取り組む態度」を身に付けさせるためには，生徒に正確なフィードバックをする必要があります。正確なフィードバックとは，下記のポイントを過不足なく含むフィードバックだと言えます。

---

①楽譜通りの音高で歌えていない箇所に関する具体的言及
②現状の技能では西洋音楽及び西洋音楽に依拠する音楽を歌唱する際には高い他者評価を
　得ることができない可能性についての言及
③ラップのようにピッチマッチング能力がほぼ不要の音楽が存在することについての言及

　もし生徒が音楽科における「主体的に学習に取り組む態度」を身に付けていない場合，生徒は自分の歌唱の状態を正確にモニタリングできていないはずです。したがって，良いとか悪いとかいった教師の感想抜きに，「この部分は楽譜が示す音高で歌唱できていない」という事実を伝える必要はあるでしょう。また，それが西洋音楽という文脈においてどのように評価されるのか，客観的に伝えることも一定程度重要だと思います。生徒の「主体的に学習に取り組む態度」を長期的に涵養しようとする場合，配慮のある言葉で①と②に言及することは教育的に

意義のあるフィードバックだと言えるでしょう。しかし，フィードバックを求められた時に①と②のみを伝えて終わってしまうのは非常に危険です。本書では，世界には様々な「良さや美しさ」の規準があることを強調してきましたが，③を伝えずに①と②だけを伝えてしまっては，その生徒に音楽全般に関わる技能がないかのような印象を与えてしまいます。しかし，それは端的に言って事実ではありません。西洋音楽的に良いとされる歌唱ができなくても，MCバトルやホーメイやビートボックスでは良い歌唱表現をすることができる可能性は十分にあるわけです。そのことを伝えず，「西洋音楽的な歌唱ができない生徒は音楽科が対象とする音楽全般に関わる技能がない」かのようなフィードバックをしてしまうことは，生徒の認知を歪めることになるでしょう。したがって，③のように，**現在継承させている技能は「特定文化圏で過去に醸成された良さや美しさ」を実現させるもの以上でも以下でもない，ということを正確に伝えることが非常に重要になってきます**。

　また，③の内容を言葉で伝えるのみならず，ピッチマッチングの技能がなくても参加できるような音楽活動を音楽科の授業で実際に取り扱うことも重要でしょう。音楽科で実施される学習活動の多くは相変わらず西洋音楽的な「良さや美しさ」に依拠していています。端的に言えば，音楽科の学習活動のほとんどが，ピアノ経験者に有利な内容になっている，ということです。ピアノ経験のある生徒が学外で身に付けた技能を用いて授業で活躍すること自体は素晴らしいですが，多様な「良さや美しさ」を対象とするはずの音楽科において，西洋音楽経験者ばかりがいつも活躍するような状況が続くと，「ドレミが読めないから音楽全般が苦手だ」「ピッチを正確に取れないから音楽全般が苦手だ」という不正確な認知に陥ってしまう生徒が出てくるのも仕方のないことです。ピアノ経験者が活躍できる授業も当然あって然るべきですが，五線譜を読めない生徒やピッチを取れない生徒が活躍できるような授業もあっていいはずです。

　例えば，上述したような「文化の創造」的な音楽づくりは，西洋音楽的なスキルが必ずしも優遇されない音楽活動です。筆者はこれまで様々な集団を対象に即興的な音楽づくりワークショップを実施してきましたが，「文化の創造」的な音楽創作において活躍してくれる人の多くは西洋音楽が決して得意ではない人たちでした。楽譜は読めないけどお調子者で，人前でビクビクせず堂々と発表できるような人がアンサンブルを引っ張ってくれることは多々ありますし，あるいは，普段は周りの空気が読めず問題行動を起こしてしまうような参加者が，空気を読みすぎてマンネリ化した演奏を打破してくれたりします。**多様な特性を持つ生徒が活躍できるような学習機会を保障することはダイバーシティの実現にもつながりますし，多様な「良さや美しさ」を対象にする音楽科において生徒が正確に自身の技能をメタ認知することにもつながります**。生徒に自身を適切にモニタリングする力を身に付けさせたいのであれば，教師が生徒の現状を正確に把握する必要があります。音楽の授業では，「過去に作られた様式的な規範」を継承させようとしているのか，それとも「子ども自身の創意工夫による自由な音楽表現」を創造させようとしているのか，教師自身が自覚的になる必要がある，と言えるでしょう。

「主体的に学習に取り組む態度」を
育て評価する学習指導案サンプル

1 題材の概要〜「主題動機労作」の技法に当事者意識を持たせる《運命》の授業〜

　本書の最後に，筆者が作成した学習指導案のサンプルを掲載いたします。ここまでに論じてきたことを全て指導案上で示そうと試行錯誤した結果，かなり盛り沢山な授業になってしまいました。生徒が自律的に学習する場面を設定し，「文化の創造」と「文化の継承」のバランスをとり，さらに「主体的に学習に取り組む態度」を評価する場面を2つ設定しています。実際の授業にあたってはこの指導案の全ての要素を取り入れる必要はないかと思いますので，使えそうなところだけご活用いただければ幸いです。

　題材の実態としては，ベートーヴェンの交響曲第5番を教材に主題動機労作について教える授業です。ただし，これまでの章でも論じてきたように，単に「主題動機労作について学ぶことは大切だ」という説明だけで生徒の学習を動機づけようとしても上手くいかないことが多いのが音楽科です。主題動機労作についての知識は生徒のキャリアにも関わらないし，生徒の音楽生活に影響を与える予感もありません。自己決定理論でいうところの同一化的調整や統合的調整を起こすことは困難であることが予想されます。

　そこで，この題材は「グループでの創作をするための参考資料として主題動機労作について学ぶ」という設定を採用しています。授業の大きな流れとしては下記のようになります。

---

① **アイスブレイクを狙った簡単な集団即興演奏**

　教師との応答奏やサインを用いた即興演奏。ここで，音楽づくりに慣れるとともに，のちの創作で使えそうなフレーズのアイディアを獲得する。

② **自由な音楽づくり**

　「どう始めるか」「どう展開するか」「どう終わるか」に注目させた上で自由に創作させる。この段階で，アイディア不足という課題に直面することがむしろ大事になる。

③ **教材曲の鑑賞**

　アイディア不足に直面した生徒がベートーヴェンの作曲技法に触れる場面。ここで，主題動機労作に関する知識を得るとともに，創作のアイディアを獲得する。

④ **主題動機労作を取り入れた創作**

　ベートーヴェンの作品から得られた知識をもとに創作を深める。

学習活動の核はルールの緩やかな音楽づくりです。とはいっても上記①に示したような活動が含まれているので，音楽創作に慣れていない生徒にとっても取り組みやすい設計になっています。ただし，ルールの緩やかな音楽づくりにおいては，生徒のアイディアが枯渇した時に推進力を失います。そこで，適切なタイミングでベートーヴェンの交響曲を参考資料として提示することで，生徒の音楽創作の構造化をサポートしつつ，内発的動機を持って主題動機労作について学ばせることを狙いました。また，自律性の高い活動は内発的動機を喚起させやすいので，上述した動機づけの問題はある程度クリアできるでしょう。

　筆者のこれまでの経験上，「明確なミッションを与えずに試行錯誤させる時間」は現場の先生方にはあまり良く思われないようです。上記②で示したような活動は一見すると生徒が遊んでるだけのように見えるので，経験豊富な先生方はもっと効率的に作業を進めさせたくなるかもしれません。しかし，この時間は主題動機労作という生徒から縁遠い知識に当事者意識を持ってもらうためにはむしろ必要になると考えています。ある程度自由に音を重ねて遊んでみる経験を積まずに作曲技法について教えても，生徒はその知識に当事者意識を持てないでしょう。主題動機労作について自ら学ぼうとしない生徒，すなわち本題材において「主体的に学習に取り組む態度」がCになりそうな対して予防的に対応するために自由な即興演奏の時間を設けている，と捉えてみてください。ただし，生徒がすでに音楽創作に慣れていて，音楽を作ることに対する当事者意識を持っている場合は①や②の時間は短く設定してもいいかもしれません。

　また，最終的に生徒が演奏する「主題動機労作を取り入れた音楽作品」は，当然機能和声に準拠しない作品になることが予想されますが，それで構いません。グループの中でそれぞれの生徒が主観的に音を重ねていくので，和声上のルールを意識することは難しいでしょうし，そもそも本題材は和声について学ばせることを目的にしていません。特定の動機を繰り返すという「思考力・判断力・表現力」的な学びを狙っているので，和声に関しては積極的に無視することが肝要です。授業の目的は「西洋音楽的に素晴らしい作品を作らせる」ことではなく，資質・能力を涵養することと割り切ってみて下さい。

　本題材では，主題動機労作に関わる鑑賞の「知識」や，それを用いて音楽表現を工夫する「思考力・判断力・表現力」を獲得させることができるような構造になっていますが，それ以上に「主体的に学習に取り組む態度」を育み評価することを目的に設計されています。自己決定性の高い活動の場を確保し，教師が適切なフィードバックをすることで学びに向かう力を積極的に涵養するような授業を目指してみましょう。

2　学習指導案「《運命》を参考にグループで音楽を作ろう」

1　題材の目標
(1)ベートーヴェンの交響曲第5番から「運命の動機」を聴き取り，主題動機労作の表現効果について理解している。

(2)主題動機労作の技法を生かしてグループで自分たちなりの音楽表現を工夫しようとしている。

2　本題材で扱う学習指導要領の内容
【創作】より「思考・判断・表現」

ア　創作表現に関わる知識や技能を得たり生かしたりしながら，創作表現を創意工夫すること

【鑑賞】より「知識」

イ　(ア)　曲想と音楽の構造との関わり

[共通事項]

リズム・反復

3　題材の評価規準

知識・技能	思考・判断・表現	主体的に学習に取り組む態度
主題動機労作の技法とその効果について理解できている（鑑賞）	主題動機労作の技法を活かして自分たちなりの音楽表現を工夫しようとしている（創作）	評価規準① ・教材曲の音楽的特徴を聴き取るために，適切な学習方略を使用しながら粘り強く聴いて学習しようとしている 評価規準② ・教材曲の音楽的特徴を生かした演奏をするために，適切な学習方略を用いながら粘り強くリハーサルをしている

4 指導と評価の計画

時	◆ねらい　○学習内容や活動概要　・指導上の留意点	知・技	思	態
1	**◆種々の楽器の音色や奏法を確認しながら，創作に使えそうなリズムを把握する** ○教室内にある楽器（タンバリン，トライアングル，ウインドチャイム，グロッケン等），もしくは自分の楽器（リコーダー）の音を出しながら，それぞれの楽器の音色を確認し，創作で自分が使ってみたい楽器を選択する。 　・様々な楽器の音を自由に出させる。その際，正しい奏法等にこだわる必要はないことを伝える。 　・自分が使ってみたいと思える楽器を選択させる。 ○教師との応答奏を通して，自身が選択した楽器の扱い方に慣れる。また，その後の創作で用いることができそうな表現の素材を見つける。 　・4拍子のビートの上で，教師がピアノで提示したリズムをそれぞれの楽器で再現するコールアンドレスポンスの活動を行う。教師が提示するリズムの音高は無視し，リズムや強弱等そのほかの要素を真似させる。 　・テンポや教師が使う楽器を変えながら複数のパターンでコールアンドレスポンスを行う。 ○自分のオリジナルフレーズを創作する。 　・コールアンドレスポンスの活動で用いたリズムパターンやフレーズをヒントに，4拍分のオリジナルフレーズを考えさせる。 　・教師がピアノで演奏する4拍子に乗せて，一人ずつ各自のフレーズを発表する。 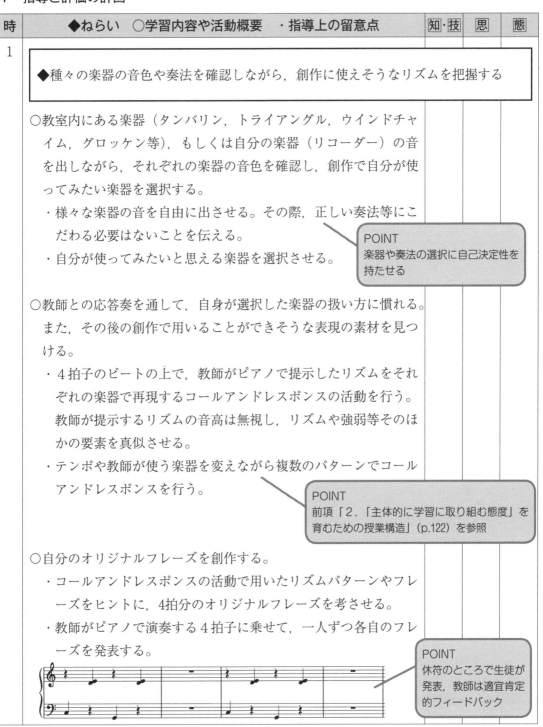			

> POINT
> 楽器や奏法の選択に自己決定性を持たせる

> POINT
> 前項「2.「主体的に学習に取り組む態度」を育むための授業構造」(p.122)を参照

> POINT
> 休符のところで生徒が発表，教師は適宜肯定的フィードバック

時	◆ねらい　○学習内容や活動概要　・指導上の留意点	知・技	思	態
	○サインを使った創作のデモンストレーションを通して，フレーズを重ねることが音楽創作の根本であることを体験する。 ・教師に指差された生徒は自分が考えたフレーズを演奏し続ける。 ・次の生徒に対して，「今鳴っている音にどんな音を重ねたら面白いと思う？」と問いかけ，音を重ねさせる。 ・生徒に音を続けさせながら「最後に先生の合図で短い音を一発演奏してみましょう！せーのっ」という声かけで終始型の作り方を経験させる。「全員で短い音を一発演奏する」の他にも「音を伸ばす」や「だんだん小さくしてフェードアウトする」等も終止型として活用可能である。 ・複数人の生徒に演奏を重ねさせることで，複数人で音楽を作れることを経験する。 POINT 前項「２.「主体的に学習に取り組む態度」を育むための授業構造」(p.122)を参照 ○本時の振り返りをする。			
2	◆「始まり」「展開」「終わり」を意識して音楽を作る ○6名のグループを作り，前時に創作したフレーズを元に音楽づくりを試みる。 発問： 音楽には「始まり」があって「展開」があって「終わり」があります。ここさえ意識すれば，音楽らしくなります。どんな風に始まって，どんな風に展開して，どんな風に終わるのか，グループで音を出しながら音楽づくりしてみましょう。 ・前時に創作した自分のオリジナルフレーズを参考にしながら，グループで音を重ねながら音楽づくりをしてみる。 ・とりあえず音を出しながら創作することを推奨する。			

・教師は期間巡視しながら求められればアドバイスをする。生徒は前時までに見つけたフレーズを使って音を重ねるところまではできるが、「展開」を作るところで多少つまづくことが予想される。むしろそのつまづきをデザインすることで次の時間が生きる。

> POINT
> ポジティブなフィードバックを意識する

> POINT
> 試行錯誤の時間をとることで、創作に対する当事者意識を持たせたい場面。実験室的な学びを意識する

○本日の活動を振り返る。

3

◆「運命の動機」を聴き取り、グループでの音楽創作に生かす

○前時までの振り返りをする。

○教材曲を鑑賞し、運命の動機が音高や音型を変えながら多様に展開していることを理解する。

> 発問：
> ベートーヴェンは「同じリズムを曲の中に散りばめる」のが得意だった作曲家です。最初のリズムが曲の中にどんな風に散りばめられているか、探してみよう。

・事前に主題動機労作の説明を簡単にした上で、全体で教材曲の第一主題提示部を聴く。その上で、冒頭のフレーズが様々な楽器で演奏されていることを簡単に確認する。

> 発問：
> ベートーヴェンはこの曲の中で一つのフレーズを色んな方法で繰り返してるよね。これを参考にしながら、同じフレーズを曲の中に散りばめて音楽を作ってみましょう。

時	◆ねらい　○学習内容や活動概要　・指導上の留意点	知・技	思	態
	・「運命の動機」がどのように展開していたのかグループで話し合いながら，教材曲を班ごとにタブレットで繰り返し聴かせる。 POINT 教師が聴きどころを示して一斉に分析させるのではなく，生徒自身が自律的に聴く時間を設定し，そこを「主体的に学習に取り組む態度」で評価する ○主題動機労作の手法を参考に，一つのモチーフをグループ間で共有しながら表現の工夫をする。 POINT 自律的な学習の時間を十分に確保することで，「主体的に学習に取り組む態度」を発揮させ，評価する ○ワークシートで本日の活動を振り返る。	〈ワークシート〉設問①		〈観察〉規準① 〈観察〉規準② 〈ワークシート〉設問②
4	◆自分達の作品を発表するとともに，他グループの工夫のポイントを理解する			
	○前時の復習をしながら，引き続きグループでの音楽づくりに取り組む。 ○グループごとに発表をする。 POINT 主題動機労作の技法を活用できているかどうか正確にフィードバックしつつ，試行錯誤のプロセス自体を肯定的に評価する		〈観察〉	

《運命》を参考にグループで音楽を作ろう

<u>　　　</u>組　<u>　　</u>番　名前<u>　　　　　　　　　　</u>

(1)　ベートーヴェンは「運命の動機」を何度も繰り返して使用し，楽曲を作っていました。しかし，繰り返すといっても冒頭のフレーズをそのまま再利用しているわけではありません。どのようにフレーズを変化させていましたか？「音色」「音高」「楽器」等の言葉を使って説明してください。

(2)　ベートーヴェンのこのアイディアを作品に生かすために，グループでどんな練習をしましたか？

3 「主体的に学習に取り組む態度」の評価について

　ここでは，「4　指導と評価の計画」の中に示した「主体的に学習に取り組む態度」の評価例を紹介します。とは言っても，本題材の評価規準は，運用可能性を極めて尊重したものになっていますので，評価規準を見ていただければ評価の狙いはご理解いただけるかと思いますが，あらためて解説します。

　今回は，「主体的に学習に取り組む態度」に関する評価規準を場面ごとに2つ設定しています。実際の授業において「主体的に学習に取り組む態度」を評価する場面を2つも設定する必要はないかもしれませんが，この指導案はあくまで「主体的に学習に取り組む態度」の評価について解説するためのサンプルですので，評価事例を多く示すためにあえて2つの規準を設定してみました。それぞれ解説していきます。

評価規準：
　教材曲の音楽的特徴を聴き取るために，適切な学習方略を使用しながら粘り強く聴いて学習しようとしている
評価基準：
A　教材曲の音楽的特徴を聴き取るために，タブレット上の音源を短く区切ったりメモをとったりしながら繰り返し聴いている
B　教材曲の音楽的特徴を聴き取るために，タブレット上の音源を漠然と聴いている
C　教材曲の音楽的特徴を聴き取るために，タブレット上の音源を聴こうとしていない

　この評価規準では，「教材曲であるベートーヴェンの交響曲第五番第1楽章の音楽的特徴を主題動機労作に注目して聴き取る」という鑑賞の「知識」を獲得しようとする際に発揮される「主体的に学習に取り組む態度」を評価しようとしています（日本語が複雑になってしまい申し訳ありません，繰り返し読んで咀嚼してください）。したがって，聴くという行為を通して学ぼうとする際に生徒が適切な学習方略を発揮しているかどうかが評価のポイントになります。鑑賞教材の音楽的特徴を聴覚で認知することが課題なわけですから，効果的な学習として想定されるのは繰り返し聴いたり，細かく区切って聴いたり，気づいたことをメモしたりする等です。それらの学習方略を採用しながら粘り強く繰り返し音源を聴いている生徒は，「主体的に学習に取り組む態度」が十分満足できる状況にあるAだと判定できそうです。

　一方，「主体的に学習に取り組む態度」の観点別学習状況がCになりそうな生徒，すなわちタブレット上の音源を聴こうともしない生徒にはどのような支援が考えられるでしょうか。第2章で触れたように，「主体的に学習に取り組む態度」はインスタントに涵養されるものではないので，授業の中で学びに向かおうとしない生徒を直ちに改善させるような即効性のある支

援はあまりないかもしれません。その代わり，本題材では生徒が当事者意識を持って教材曲を聴きたくなる環境を作るために，第一時で自律性の高い創作活動を取り入れ，あえてアイディアが枯渇するような状態を設定しています。「主体的に学習に取り組む態度」に関しては，Cの生徒が出てきた場合どう支援するか，という発想ではなく，Cの生徒が出てこないようにするためにどう授業を設計をするのか，という予防的な発想がより一層重要になると言えるでしょう。もちろん，「繰り返し聴く」という学習方略自体を知らない生徒に対して，「最初の1分位を繰り返し聴くと特徴をつかめると思うよ」等のアドバイスをすることは有効です。音源を聴取するという課題に向かおうとしない理由が学習方略に関する知識・技能不足なのか，もしくは動機の欠如なのかによって教師の対応は変わってきそうです。

評価規準：

　教材曲の音楽的特徴を生かした演奏をするために，適切な学習方略を用いながら粘り強くリハーサルをしている

評価基準：

A　教材曲の特徴を生かした演奏をするために，テンポを落としたりタイミングを揃える工夫をしたりながら粘り強くリハーサルしている

B　教材曲の特徴を生かした演奏をするために，漠然とリハーサルしている

C　教材曲の特徴を生かした演奏をするために，リハーサルしようとしていない

　こちらは，「主題動機労作の技法を生かして音楽表現を工夫する」という創作の「思考力・判断力・表現力」の獲得に向けて発揮される「主体的に学習に取り組む態度」を評価するための評価規準・基準です。主題動機労作の技法に関する知識を生かして音楽表現を創意工夫するそのプロセスの妥当性を評価するので，主題動機労作に関する知識は既に獲得されていることが前提です。ここではそれらの知識を音楽創作に活用するためにリハーサルを妥当に進めているかどうかを観察法で評価することになります。ただし，観察だけで全てのグループを評価するのは難しい，ということであれば，p.135に示したワークシートの(2)の設問で具体的な練習プロセスを振り返らせて，観察した実態と照らし合わせながら評価してもいいかもしれません。

　こちらの評価基準についてもCになりそうな生徒に対して即効性のある支援はなかなかありません。「主体的に学習に取り組む態度」を短期的に伸長させることは原理的に無理があるからです。生徒の「自律性への欲求」を尊重しながら自己決定性の高い学習活動を日常的に取り入れる等，長期的で予防的な対応が必須となるでしょう。

35 長谷川諒（2021）「音楽科における主体性と主観性：「文化の創造」を中心とする新たな音楽教育原理の提案」『学校教育』広島大学附属小学校学校教育研究会，pp.14-21

36 Randall Everett Allsup (2016), *Remexing the Classroom,* Indiana University Press, pp.66-105.

おわりに

　ここまで本書をお読みいただきありがとうございました。「主体的に学習に取り組む態度」という評価の観点，およびこの観点が評価しようとする資質・能力である「学びに向かう力」について，なんとか提案性のある書籍を作ることができたのではないかと思います。

　筆者はこの本の執筆依頼を受けたとき「え，『主体的に学習に取り組む態度』だけで一冊本を書くの…？　そりゃちょっとむずかしいんじゃないの…？」と正直かなり及び腰でした。ご依頼くださった明治図書出版の木村さんは，筆者が自分のYouTubeチャンネルで「主体的に学習に取り組む態度」について喋っているのを見て連絡をくださったようですが，動画で20分程度概論をしゃべるのと「主体的に学習に取り組む態度」について本を一冊書くのとではわけが違います。「引き受けます」という結論を出すまでに随分悩んだことを覚えています。

　「主体的に学習に取り組む態度」については，調べれば調べるほど不可解な言説が飛び交っていました。そもそも「主体的に学習に取り組む態度」が評価しようとする「学びに向かう力」の定義が曖昧なのです。国立教育政策研究所の発行物を見ても，「主体的に学習に取り組む態度」についてはどこか歯切れの悪い印象でした。筆者は以前から指導案に評価規準を書く際に「学習指導要領から文言を抜粋し，語尾を変える」等の方法論が取られていることに強烈な疑念を抱いていました。評価規準は本来題材の目標と生徒の現在位置を推し量りながら授業を改善できるもの，かつ生徒の学習を改善に向わせるようなものでなければなりません。自分の書籍が「学習指導要領のここから文言を抜き出しましょう，その際語尾を『している』に変えてくださいね。」のような内容に終始するのは絶対に避けたいと執筆当初から考えていました。どうせ書くなら教員採用試験や研究授業の前にちらっと読まれるだけのつまらない本にしたくない，多くの音楽教育関係者に面白いと思ってもらえるような本にしたい，と思い試行錯誤した半年だったと思います。最終的に，自己調整学習や自己決定理論を参照しつつ，「良さや美しさ」という特殊な領域を取り扱う科目の授業の中で実際に運用可能な評価の考え方について提案するというこれまでにない書籍になったのではないかと自負しております。

　本書の執筆にあたり，筆者は現場で実践可能な評価を提示することにかなりこだわりました。しかし，結果的に現場での慣例に異論を唱えるような提案になってしまった部分も少なくありません。ただ，「主体的に学習に取り組む態度」について冷静に考えれば考えるほど，慣例的な評価や実践に対して疑問が生じてきた，というのが正直なところです。「合唱コンクールってなんのためにやってるんだっけ……？」「そもそもなんのために評価規準を作るんだっけ……？」と徹底して考えた結果が本書の内容になっているのだと思います。とはいえ，慣例を変えるのは非常に大変です。筆者の提案を参照しながら実施した研究授業で，「慣例とは異なる」という理由で非難されてしまうこともあるかもしれません。その場合は，是非本書の該当箇所を提示してみてください。もちろん全ての先生方にご納得いただくことは難しいとは思い

ますが，議論のたたき台として本書をご活用いただきたく思います。

　本書の執筆にあたり，多くの現場の先生方にご意見をいただきました。筆者にYou Tubeのコメント欄やSNS上で質問をしてくださった方もいらっしゃいました。本書の第2章はそのような方からの疑問をもとに書かれています。リアルな疑問を投げかけてくださった方々にこの場をお借りして感謝申し上げます。

　「主体的に学習に取り組む態度」について考えることは，音楽科教育における生徒の「主体性」について考えることに直結します。本書が，生徒の主体性に根ざした音楽科教育実践の礎として活用されることを願っています。

2023年5月　　　　　　　　　　　　　　　　　　　　　　　　　　　　　　長谷川　諒

【著者紹介】

長谷川　諒（はせがわ　りょう）

　博士（教育学），音楽教育学者。神戸大学，三重大学，関西大学等複数の大学で非常勤講師として教員養成に携わりながら，即興演奏ワークショップの講師としても活動している。活動の概要は SNS や YouTube で随時発信中。2021年度より日本音楽即興学会の理事長を務めている。

　高校を卒業後，広島大学教育学部に入学して音楽教育学を専攻しそのまま同大学の教育学研究科で修士（教育学），博士（教育学）を取得した。博士論文では米国の音楽教育史を対象とするに取り組み，その成果を日本音楽教育学会，日本教科教育学会等等が発行する学会誌で発表している。

　博士号取得後は，音楽教育哲学の視点から即興演奏の教育的価値を探究する研究に取り組んでいる。

　在学中から鈴峰女子短期大学や比治山大学，エリザベト音楽大学等で音楽教育学に関する非常勤講師をしつつ，クラシックサキソフォンの演奏活動や音楽教育学研究を継続した。

　卒業後は香川大学特命准教授や神戸大学特命講師を歴任し，現在に至る。

YouTube チャンネル「音楽教育学者の思考」：https://www.youtube.com/@haseryo_ME

中学校音楽
「主体的に学習に取り組む態度」の学習評価
完全ガイドブック

2023年6月初版第1刷刊　©著　者　長　谷　川　　　諒
　　　　　　　　　　　発行者　藤　原　光　政
　　　　　　　　　　　発行所　明治図書出版株式会社
　　　　　　　　　　　　　　　http://www.meijitosho.co.jp
　　　　　　（企画）木村　悠　（校正）川上　萌
　　　　　　〒114-0023　東京都北区滝野川7-46-1
　　　　　　振替00160-5-151318　電話03(5907)6703
　　　　　　　　　　　ご注文窓口　電話03(5907)6668
＊検印省略　　　　　　組版所　株式会社カシヨ

本書の無断コピーは，著作権・出版権にふれます。ご注意ください。

Printed in Japan　　　　　　ISBN978-4-18-239223-8
もれなくクーポンがもらえる！読者アンケートはこちらから→

無理なく　楽しく　取り組める！

読譜力&記譜力 アップ
音楽授業プラン
小学校・中学校

大熊　信彦・酒井　美恵子 著

3787・B5 判 144 頁・2,530 円（10％税込）

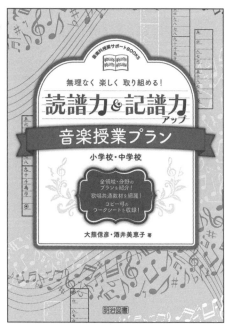

楽譜っておもしろい！
苦手意識が一気になくなる授業プラン

楽譜は、単に音の高さや長さを表すだけではなく色々な情報が詰まっています。楽譜をもっと授業に活用すれば音楽活動がグッと豊かになります。そのための授業プランをワークシートと共にご紹介。単に歌うだけ、演奏するだけではない、充実した音楽授業を実現しましょう！

学びがグーンと充実する！

小学校音楽
授業プラン
&
ワークシート

低学年（3514）
中学年（3515）
高学年（3516）

津田　正之・酒井美恵子 編著

B5 判 104 頁・2,200 円（10％税込）

新学習指導要領に完全対応した 36 の授業プランを紹介。全てのプランで、そのままコピーできるワークを掲載。身に付く資質・能力も明記されているので、新学習指導要領に則った授業に即取り組めます！巻末には、学年ごとのまとめやクイズの頁も収録。

新学習指導要領対応

小学校音楽
イチ押し 授業モデル

低学年（3511）
中学年（3512）
高学年（3513）

今村　行道・津田　正之 編著

B5 判 144 頁・2,420 円（10％税込）

1 章では新学習指導要領の趣旨や授業構成、年間計画づくりのポイントを分かりやすく解説。2 章では指導案形式で 20 本の授業モデルを収録。
随所に紹介するワークシートや掲示物等授業づくりの工夫も必見です！

明治図書 携帯・スマートフォンからは **明治図書 ONLINE へ** 書籍の検索、注文ができます。 ▶ ▶ ▶

http://www.meijitosho.co.jp＊併記 4 桁の図書番号（英数字）でHP、携帯での検索・注文が簡単に行えます。

〒114−0023　東京都北区滝野川 7−46−1　ご注文窓口　TEL 03−5907−6668　FAX 050−3156−2790

音楽科授業サポートBOOKS

1人1台端末 でみんなつながる！
音楽授業のICT活用ハンドブック
小学校・中学校

瀧川　淳 編著

3494・A5判136頁・2,156円（10%税込）

充実のアイデア50本

ＩＣＴの活用で、すぐ消えてしまう演奏を映像で残したり、それを見て表現を工夫したり、記録を蓄積して振り返りを行ったり、授業が格段に変わります。ハードやソフトの知識から、マネジメント、授業アイデア、おすすめＨＰまで、ＩＣＴ活用のすべてが詰まっています！

恥ずかしがらずに声を出せるようになる
「声遊び」のアイデア＆授業レシピ

熊木眞見子・笠原　壮史 著

3380・A5判128頁・2,156円（10%税込）

自然と声が出るようになる！

高学年になった途端、恥ずかしがって声が出ない…そんな経験はありませんか？よくある発声練習ではなく、声を出すこと自体が楽しくなる活動が満載！活動手順は一目で分かるイラストで、指導の具体はそのまま追試できる実践形式で収録。導入や常時活動としてもオススメ！

授業力アップのための必須スキルを80本収録
小学校音楽指導スキル大全

酒井美恵子・阪井　恵 編著

3934・A5判176頁・2,310円（10%税込）

音楽授業のすべてをカバー！

発問、子ども対応、教室環境、伴奏や指揮、楽器の演奏やメンテナンス、評価、導入、各領域の指導、個別指導等、授業力アップのための必須スキルを80本収録。指導に困ったときも、ステップアップしたいときも、今欲しい情報がすべて詰まった1冊です！

中学校音楽サポートBOOKS
中学校音楽科教師のための授業づくりスキル
コンプリートガイド

大熊　信彦・酒井美恵子 編著

3497・A5判176頁・2,310円（10%税込）

80本のスキルを紹介！

音楽の授業をきっかけに、生徒が生涯にわたって音楽に親しみ豊かな人生を送ることにつながったら、素敵だと思いませんか？そんな授業をつくるためのスキルを、指導全般、個別配慮、環境、ＩＣＴ、各領域の指導、行事／部活動、研修等11のカテゴリに分けて紹介します。

明治図書

携帯・スマートフォンからは **明治図書 ONLINE へ** 書籍の検索、注文ができます。 ▶ ▶ ▶

http://www.meijitosho.co.jp ＊併記4桁の図書番号（英数字）でHP、携帯での検索・注文が簡単に行えます。

〒114-0023　東京都北区滝野川7-46-1　ご注文窓口　TEL 03-5907-6668　FAX 050-3156-2790

指導と評価がつながる！

中学校音楽授業モデル

第1学年　第2・3学年

副島和久・伊野義博 編著

第1学年　　　（4488）・B5判・2,376円（10％税込）
第2・3学年　（4489）・B5判・2,420円（10％税込）

指導アイデアと評価の具体を紹介。
「指導と評価の一体化」を実現するための1冊！

評価事例＆ワークシート例が満載！

評価事例＆ワークシート例が満載！
新3観点の学習評価
完全ガイドブック
大熊 信彦・酒井美恵子 著

中学校
音楽

徹底解説
新しい学習指導と評価の解説＆具体例
大熊 信彦
酒井 美恵子

この1冊でフルサポート!!
新学習指導要領と新3観点の関係を詳しく解説！
具体的な題材計画とワークシート例による評価事例収録！
授業改善への生かし方や評定への総括の方法も掲載！

中学校音楽
新3観点の
学習評価
完全ガイドブック

大熊　信彦・酒井美恵子 著

（3954）・B5判・2,420円（10％税込）

新3観点の学習評価、指導と評価の一体化の具体がわかる！

明治図書　携帯・スマートフォンからは **明治図書 ONLINE へ** 書籍の検索、注文ができます。　▶▶▶

http://www.meijitosho.co.jp　＊併記4桁の図書番号（英数字）でHP、携帯での検索・注文が簡単に行えます。

〒114−0023　東京都北区滝野川7−46−1　ご注文窓口　TEL 03−5907−6668　FAX 050−3156−2790